U0141446

★ ★ ★ Foreign Exchange Transactions ★ ★ ★

外匯交易
線圖獲利法

當沖與波段交易也適用！
一次學會FX專家的高勝率操盤術

田向宏行・著　陳識中・譯

運用市場的阻力區間和箱型
積極主動交易和獲利

感謝各位拿起本書閱讀。

既然對這本書有興趣，代表各位應該有想靠外匯或金融投資賺錢的想法。有這樣的想法是很好的事，各位的人生說不定會從此改變。

從事外匯保證金這項金融投資（trading），沒有任何年齡、性別、學歷、經驗、國籍、證照之類的門檻。任何人都有資格「在市場上追求利益」。

市場上存在著無數大大小小的「阻力區間」。金融商品的價格會在碰到這些阻力區間時停止、反轉或是加速。而在區間與區間之間，價格的變化會呈現不規則的波動。了解上述的市場原理就能知道何時可以進場，何時應該縮手。

此外，一旦理解市場的阻力區間，就會發現以往被視為道氏理論弱點的部分，其實只是少了一些其他週期的視角，或是市場參與者的心理。任何一種技術指標都不可能100%準確，但只要搞懂市場的阻力區間，就能合理地判斷價格變化。因為阻力區間可以讓我們從俯瞰的角度觀察價格變化和週期。

提高對市場價格變動的理解程度，就能更靈活地調整交易策略。一旦能夠推測市場的各種狀況，就能事先建立策略而不需要隨時緊盯線圖。換句話說，不會再被市場上的新聞或價格波動牽著鼻子走，可以穩健地追求獲利。**提升市場分析能力後建立起的金融交易技術，將是只屬於自己的無形資產。**

學會一門技術並不簡單，但考慮到自己能獲得的財務自由和時間自由，從現在開始學習金融投資絕對值得。不過，從哪裡開始學起很重

要。很多人剛開始接觸投資時並沒有從基礎學起，而是選擇自己胡亂摸索，結果不是繞遠路就是慘賠，從此放棄退出市場。外匯市場是一個全球的金融機構和專業投資者匯聚的地方，菜鳥被打敗是很正常的事。然而，只要一步一步依循適切的方法成長，任何人都能成為獨當一面的投資者。

外匯投資是靠價差獲利，因此各位需要做的就只有決定「何時進場，何時出場」，然後確實地按照規劃執行而已。在這個靠腦力決勝的世界，事前的策略決定一切。既然是靠買賣的價差獲利，那麼不論是牛市還是熊市，都照樣可以獲利。這點非常重要，**因為這代表就算股市或房市暴跌，就算經濟再怎麼不景氣，還是可以賺到價差。**

當然，想學會外匯交易技術並獲得穩定的收益，需要付出一點時間成本。但不論在任何領域，學習技術都需要時間。必須花時間修行。各位過去學習的社會經驗和知識跟在金融交易中獲利的技術，是完全不一樣的東西。無法區分它們的人很容易使用自己的方式展開交易，然後賠錢。

所有技術的學習都有一個共通點，那就是需要累積一定的時間和經驗才能獨當一面。請各位回想一下第一次學習外語、練習某種運動，或是學習某種樂器時的經驗。甚至剛出社會工作時或許也是如此。從第一次接觸這些事開始，不也是花了好一段時間，一點一點地慢慢成長，最終才獲得他人的認同。

一般人最容易想像的經驗應該是學開車吧。在駕訓班上課時，各位應該也是獲得教練的認可後才進入下一階段的課程，按部就班地學習才對。即使過程中感到焦慮、手忙腳亂，或是被教練提醒，但幾乎所有人最終都能學會開車。而外匯投資也一樣。只要採取適當的步驟進行學習，任何人或多或少都能賺到錢，這樣的例子我看過太多了。

只要充分了解金融投資的基本原理，就能輕鬆建立自己的投資風格。因為不會再感到迷惘或煩惱。只須穩健地累積獲利，可運用的自由時間也會愈來愈多。市場交易的技術，是我這半世紀的人生中最有用的東西之一。在經濟上和時間上不受束縛，可以為自己帶來很大的好處。

本書是2017年付梓的《一天看盤兩次，兼職外匯投資也能穩定獲利》（暫譯，原書名為《1日2回のチャートチェックで手堅く勝てる兼業FX》，自由國民社出版），以及2018年付梓的《看懂線圖，新手也能輕鬆賺外匯》的續集，書中會介紹如何運用市場的阻力區間和箱型精準計算交易時機，幫助各位更積極、更有效地進行交易和獲利。

深入了解如何運用市場的阻力區間和箱型之後，各位不只能運用日線圖和週線圖等長週期線圖進行交易，還能解讀15分線圖、5分線圖等短週期線圖的價格波動，自由自在地進場交易。

懂得判別合適的交易時機和了解價格變化的原理，意味著能夠依照自己空閒的時間與生活步調進行交易。如果本書能幫助各位讀者找到適合自己的方法，身為作者的我將會感到無比喜悅，也歡迎更多夥伴加入外匯投資的世界。

2019年10月

田向宏行

改訂版前言
──利用市場的阻力區間和箱型獲取更高的收益

　　本書是外匯投資技術系列的第三集，也是本系列的應用篇。本系列的第一集是2017年出版的《一天看盤兩次，兼職外匯投資也能穩定獲利》（暫譯，原書名為《1日2回のチャートチェックで手堅く勝てる兼業FX》，自由國民社出版），在撰寫這本書時，我還沒有準備出續集的計畫。

　　但後來收到眾多讀者的支持和敲碗，我才決定撰寫第二集、第三集，提供更高階、更具實戰性質的內容。因此，如果沒有讀過本系列的第一集和第二集先把基礎知識打好，可能會比較難理解本書的內容。或許是這個緣故，本書在日本的銷量並不是太好，實體書二刷賣完便沒有再版，一直處於沒有庫存的狀態。

　　然而多虧一些有志學習外匯投資的熱心朋友願意用比定價更高的價格購買本書的二手書，這本書才終於有幸推出了電子版。即便如此，還是有讀者強烈地表達「希望能一邊閱讀實體書一邊做筆記」，於是才又推出了這次的改訂版。

　　看過拙作的讀者中，有人（Y. I）成功在2022年賺到上億（年獲利超過1億日圓），並在某月刊雜誌上表示「本書是系列作中最有用的一集。我把這本書翻到破破爛爛，還記了很多筆記」。

　　後來，這位讀者為了感謝我幫他賺到那麼多錢而親自登門拜訪，

如今我們成了一起投資的夥伴，我也從年輕的他那裡得到了很多刺激。

　　一如本系列第一集的描述，近年日本的經濟環境發生了變化，曾為本書提供圖表的投資公司發生合併，通膨開始衝擊日本市場。然而**投資者的工作並沒有改變，價格變動的邏輯也沒有發生變化。**

　　我衷心祈禱本書能幫助到所有想學會利用外匯交易獲利的朋友，而如果各位願意反覆閱讀、徹底活用本書的內容，我將感到無比欣喜。

2023年3月

田向宏行

目錄

第 1 章 運用多重時間週期視點 尋找交易時機

第 2 章 交易的祕訣是 找出市場的阻力區間

第3章 | 運用阻力區間的外匯交易實例

第**4**章 用技術指標補強道氏理論

第**5**章 運用所有技術，抓住每個交易機會

第 1 章

運用多重時間週期視點
尋找交易時機

投資外匯
需要知道的事。

對市場變化保持敏銳的反應

交易時機是投資者的 「永恆難題」

》 技術分析讓我們更容易判斷趨勢

想靠外匯投資獲利，必須確保以下兩件事：①**價格變化的方向與自己的倉位一致**，②**良好的交易時機**。最理想的情況是兩者兼備，從建倉的那一刻起就有利可圖，而且之後利潤還不斷上升。關鍵是在絕佳的時間點乘上趨勢。這便是最理想、最開心的交易。

我平常也總是以這種理想的交易作為目標，但很難每次都順利無阻。即便如此，只要兩次之中有一次做到，整體來說就能獲利。

尤其是①**的趨勢判斷，只要不錯判趨勢，亦即價格變化的方向，即使進場時機稍微差了一點，趨勢也會幫你扭轉乾坤**。所以我很喜歡趨勢，每次看盤都會尋找趨勢。這也是我建議使用技術分析的原因，因為技術分析能讓我們這種非專業的投資者也能輕鬆判斷價格走勢的方向。

但是，比起趨勢更重要的是資金管理。一旦實效槓桿超過10倍，任何交易都會很危險（參照下一章）。

》 敏銳嗅出市場方向變化的時機

市場的方向對於投資獲利很重要，其實理論上只要抓對了買賣時機，任何時候都可以獲利。不過，這終究只是「理論上」……。

交易技巧高竿的人不僅能在**圖1**的①處搭上大趨勢獲利，即便是在②市場在趨勢中段短暫回調或修正，也就是短期價格朝趨勢的相反方向移動時，也能在絕妙的時機進場小撈一筆。換到週期更短的線圖來看，

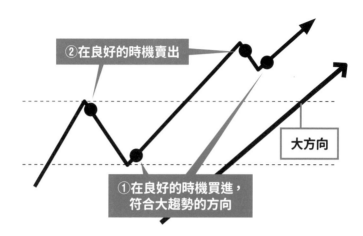

圖1. 理想的交易

②在良好的時機賣出

大方向

①在良好的時機買進，
符合大趨勢的方向

這段回調其實就是一個反方向的趨勢。不過，要搭上1小時線或15分線這種短週期的趨勢並不容易。換句話說，**必須具備能自在運用各種週期線圖的技術**。而本書便會重點介紹這部分。

一筆外匯投資的交易時間點有二，一是建倉的時候，二是平倉的時候。然而，投資者需要考慮的時間點卻有3個。

一是投入資金的時間點，也就是**建立倉位的時間，即①進場時機**。另外2個時間點則是平倉的時間。而**平倉又分為2種，一個是②獲利了結的時機，另一個是③停損的時機**。如果一筆交易順利的話，平倉就是獲利了結，而若是賠錢的話就是停損。

》有利的進場時機對風險管理很重要

在分析價格變動時，全世界的投資者經常將**道氏理論**視為基本的理論。道氏理論可以明確告訴投資者該如何判斷趨勢，可作為分析市場價格變化的基本方法，因此對於多數投資者而言，使用道氏理論可以更簡單地判斷進場時機。

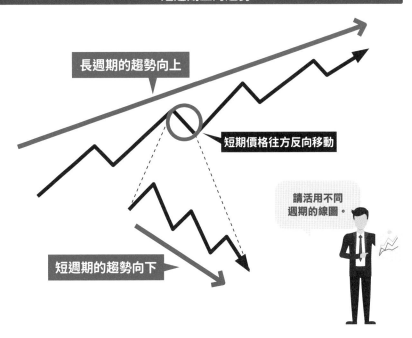

圖2. 短週期上的趨勢

長週期的趨勢向上

短期價格往方反向移動

短週期的趨勢向下

請活用不同
週期的線圖。

　　對交易有利的進場時機，幾乎都出現在道氏理論的箱型整理區。而道氏理論認為投資者不應該在這個時候進場。因為在此時進場，就是**在賣方（空頭）和買方（多頭）的勢力關係尚不明確的狀態下進場**。想當然此時的風險比較高，所以投資者應該避開風險。本書除了道氏理論之外，還會把焦點放在進場時機上，思考如何提高交易效率。

　　本書的內容會比我之前的著作更進階。因此，我會假設各位已經對技術分析的基礎有充分的理解。

　　如果各位尚未讀過前兩集，請務必先讀過它們。相信讀完後，就會更容易理解道氏理論的基礎和市場價格變化的原理。

圖3. 3個進場的時機

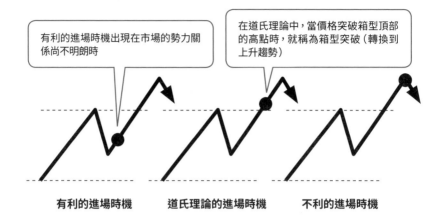

有利的進場時機出現在市場的勢力關係尚不明朗時

在道氏理論中，當價格突破箱型頂部的高點時，就稱為箱型突破（轉換到上升趨勢）

| 有利的進場時機 | 道氏理論的進場時機 | 不利的進場時機 |

CHECK POINT

①若進場時機與價格變化的方向一致，
　趨勢就會幫你賺錢
②請對市場風向改變的時機
　保持敏銳

不同週期上有不同的進場時機

不同週期有不同的
趨勢和箱型

≫ 在趨勢中任何人都能輕鬆獲利

在趨勢中任何人都能夠輕鬆獲利。正如投資界有句格言是**「趨勢是朋友」**（Trend is friend），自古以來，所有國家的投資者都十分重視趨勢。

另一方面，箱型整理則是一種沒有明確方向，常常看似要上漲卻下跌，看似風向向下卻突然反彈急漲，屬於一種很難操作的行情。然而，這並不是說趨勢就一定好，而箱型就一定壞。賣方和買方的勢力狀態決定市場的價格變化，而「趨勢」和「箱型」只是代表了不同的多空狀態。

同時，「趨勢」和「箱型」之間有著密切的關係。因為趨勢就是箱型突破的延續。**在短週期上看似「箱型」的行情，在長週期上可能只是「趨勢的一部分」**；相反地，有時「大箱型」中也會出現短週期的「趨勢」。

納入週期概念來理解趨勢和箱型整理的關係，有助我們更好地看清市場整體的動態，從而找到進場時機。

≫ 立足點不同，對市場的觀點也不一樣

下面來看一個例子。

2019年1月3日，美元兌日圓的價格發生閃崩，揭開了日圓急遽升值的序幕。

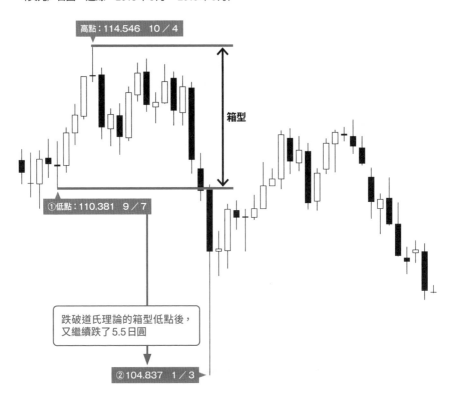

圖4. 從週線圖看美元／日圓在1月3日暴跌時的價格變化

〈美元／日圓　週線　2018年8月～2019年6月〉

高點：114.546　10／4

箱型

①低點：110.381　9／7

跌破道氏理論的箱型低點後，
又繼續跌了5.5日圓

②104.837　1／3

在週線圖上，如**圖4**所示，美元／日圓的價格在12月24日跌破110.381（**圖中①**），一路跌至104.837（**圖中②**），共下跌了大約5.5日圓。這波下跌突破了箱型，走勢符合道氏理論。尤其1月3日的107日圓中段後的下跌特別猛烈。

接著我們從週線圖切換到日線圖，看看這段時間的價格變化，結果如第18頁的**圖5**所示。在日線圖上，價格在跌破箱型的底部，即12月6日的低點（**圖中③**）之後，便一路下跌到12月19日，形成了下跌趨勢。

由此可以發現，剛剛的週線圖和這張日線圖的箱型範圍不一樣。如果看1月3日以前的箱型，週線圖的底部是在9月7日的110.381日

圖5. 從日線圖看美元／日圓在1月3日暴跌時的價格變化

〈美元／日圓　日線　2018年11月～2019年1月〉

高點：113.819　12／3

箱型

跌破道氏理論的箱型低點後，又繼續跌破新低，形成下跌趨勢

③低點：112.233　12／6

111.407

109.989

104.837　1／3

圓，但日線圖的底部卻是12月6日的112.233日圓。

　　這是因為在不同週期上，**價格變化的幅度並不相同，所以箱型的大小也不一樣**。當我們從不同的立足點和週期觀察市場時，看到的市場變化時間點也會不同。

》交易的價格和時機會因週期而改變

　　暫時離一下題。**圖6**是第17頁**圖4**的週線箱型和**圖5**的日線箱型放在一起時的樣子。此時可以發現，週線圖的箱型（9月7日和10月4日）中包含了好幾個日線圖的高點和低點。而當我們選擇不同的高點和

圖6. 在日線圖上比較週線圖的箱型和日線圖的箱型

〈美元／日圓　日線　2018年9月～2019年1月〉

[週線箱型]高點：114.546　10／4

[日線箱型]高點：113.819　12／3

[日線箱型]④低點：112.233　12／6

[週線箱型]低點：110.381　9／7

週線箱型中包含了好幾個日線箱型的低點和高點

週線在一度跌破箱型後發生了閃崩

104.837　1／3

低點時，交易的價格和時機也會有所不同。

　　觀察日線圖上的變化，美元／日圓的價格在2018年底跌破最近的箱型底部，即12月6日的低點（**圖中④**）後下跌。之後價格雖有短暫反彈，但隨後又跌破了新低，一路維持下跌趨勢直到1月3日。另一方面，從**圖4**來看，週線則是在跌破箱型後發生了閃崩。

　　雖然日線和週線都發生了箱型突破而大幅下跌，但如果我們再換個週期，看看第20頁的**圖7**，便會發現月線圖上又是另一個故事。美元／日圓的全年波動幅度約在10日圓左右，對比之下，光是這幾週的波動就超過了5日圓。

　　然而，如月線圖的**圖7**所示，這整波下跌都還在2015年11月的高點123日圓（**圖中⑤**）到2016年6月的低點98日圓（**圖中⑥**）的箱型

19

運用多重時間週期視點尋找交易時機

圖7. 從月線圖看美元／日圓在1月3日暴跌時的價格變化

〈美元／日圓　月線　2015年9月～2019年6月〉

[月線箱型]⑤高點：123.719　2015年11月

[週線箱型]
高點：114.546　2018年10月

箱型

[週線箱型]
低點：110.381　2018年9月

104.837　2019年1月

[月線箱型]⑥低點：98.907　2016年6月

從月線圖來看，2015年11月高點到2016年6月低點的箱型現在依然持續著

範圍內。所以，這波橫跨年底到年初的波動一如圖中圈起來的部分所示，都發生在月線圖的箱型中。因為是月線圖，所以依照道氏理論的分析，2017年夏天我還在寫《一天看盤兩次，兼職外匯投資也能穩定獲利》時，這個箱型（123日圓到98日圓）便已存在，而且一直持續下去（這個箱型最後在2022年3月被升破）。

由此可見，即便是閃崩前後的同一波價格變化，放到日線圖、週線圖、月線圖等不同週期的線圖上，也會得出依然在箱型範圍內或形成新趨勢等不同結論。因此導出的進場時機也有所不同。

雖然這次是用日線圖、週線圖、月線圖當例子，但不論用哪種線圖都是同樣的道理。**在不同的週期下，由於我們跟市場的相對位置不一樣，因此理解圖表的方式和看到的價格方向也不相同，繼而交易時機也會改變。**正因為如此，**選定作為判斷基準的立足點才更形重要。**

外匯投資只要整體有賺即可

失敗時要重整心態，
捨得斷尾

》沒有100%穩賺的外匯投資方法

在外匯投資中，即使完全遵從技術指標，也一定會遇到賠錢的時候。因為這世上不存在無論何種情況都能保證獲利的完美技術指標。

性格大而化之的人，在遇到失敗時可能只會聳聳肩，下次繼續使用同一個技術指標。相反地，愈是熱心研究的人，就愈會驗證自己使用的技術指標，然後修正策略。我自己便屬於後者。

在日常生活中，一般人遇到失敗時都習慣檢討自己為什麼失敗，然後下次改變原本的做法。但在投資領域，這麼做有時候可能會造成反效果。

舉例來說，當自己使用的技術指標預測失靈時，一般人很容易會加入其他技術指標，改變自己所用的圖表種類或操作方法。**一旦產生加入新工具來防止失敗的想法後，在圖表上顯示的技術指標就會愈來愈多。**而當圖表變得愈來愈肥大、複雜，我們就會開始用自己也無法理解的交易方法和分析方法。

人之所以會想改良自己使用的指標，是因為希望在投資外匯時永遠不犯錯。或許大家都討厭損失、不想賠錢，所以才會無意識地去追求100%成功的方法。

然而，希望投資外匯100%成功，從現實來看是不可能的。**在所有外匯和金融交易中，認清自己一定會遇到虧損是一件非常重要的事。**換句話說，我們要習慣虧損，並把虧損當成是為了獲利而付出的一種成本（cost）。外匯保證金交易的目標是在持續不斷的交易中，最終取得整

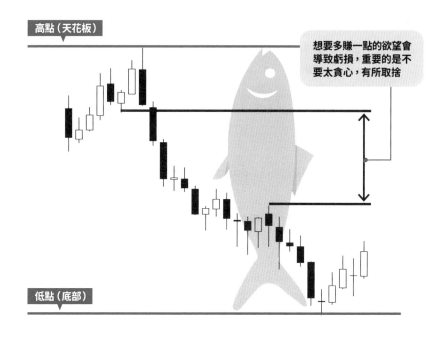

圖8. 投資格言「魚頭和魚尾留給別人吃」

高點（天花板）

想要多賺一點的欲望會導致虧損，重要的是不要太貪心，有所取捨

低點（底部）

體收支為正的成果。

》不只是價格，方法也要有所取捨

正如投資界有句格言是**「魚頭和魚尾留給別人吃」**，很顯然地，想要賺到價格波動的完整波段十分困難。這世上不存在完美的交易方法。

各位可能會覺得**圖8**中的魚尾有點大，不吃可惜，但正是這種「想要多賺一點」的欲望容易導致虧損。**「不要太貪心，捨得斷尾」**是非常重要的心態。當我們有能力這樣思考時，整體交易成果便會開始改善。可以說要在外匯投資中獲利，「心態」也是一個很大的因素。

思維（心態）的轉換，就像前面說的「斷尾」和「取捨」，不只適用於價格的變化，也適用於交易方法的選擇。投資並不是知道的方法愈多就愈賺錢，知識也不會直接轉換成利益。

重要的是**徹底學會一個有一定機率獲利的方法，然後「割捨」其他方法，保持平常心不斷重複做相同的事情，最終就會獲利。**

尤其是在剛開始接觸外匯投資的階段，方法的取捨有助於我們精通一套技術指標。而**隨著我們對這套方法累積愈來愈豐富的經驗，相關知識、技術也會愈來愈多。**我之所以建議讀者固定使用某個週期的線圖，也是出於相同的考量。

的確，金融市場上存在許多獲利的機會，也有很多人靠著同時使用不同方法來獲利。但跟別人比較完全沒有意義。重要的是自己有沒有賺錢。條列式地介紹所有技術分析的方法，反而容易讓人不知所措，重要的是選定一套方法，然後堅定地走自己的路。

》**認識意外一定會發生**

不只是外匯保證金交易而已，包含股票、投資信託、房地產也是一樣，把一切押注在一個東西上，讓自己陷入不能失敗的境地，這不叫投資也不是交易，而是單純的賭博。這是把自己的命運交由運氣決定，看看是生還是死。

我們該做的不是祈禱意外不要發生在自己身上，而是**預先假設意外情況一定會發生。**然後在此前提下，思考如何使整體收益為正，這才是所謂的投資策略。**一旦建立了上述的「心態」，你會發現自己的成長顯著加快。因為對於學習知識和技術而言，思維的轉換也是一項很重要的因素。**

低點和高點是兩勢力的均衡點

賣方和買方的角力關係
驅動著市場

≫ 有人賣、有人買，交易才能成立

不只是外匯，包含所有的金融市場，乃至我們生活中進行消費的家電量販店、拉麵店等等，都是有人賣、有人買才做得成生意。這是所有交易行為的基礎。

如果沒有人賣，其他人就買不到想要的東西；如果沒有人買，東西就賣不出去。這是理所當然的事情。

當賣的人多，買的人少時，賣家便會降價求售，使商品以更低的價格成交。相反地，當買的人比賣的人多時，買家就會展開競價，使商品以更高的價格成交。「價格」就是這樣決定的。而連續不斷的交易就形成了「價格變動」。

然而，很多人一旦進入金融市場後，就忘了這個「交易」最基本的原理。

≫ 推動市場的是賣家和買家

我們買賣外匯是為了賺錢，那麼，是誰在推動外匯市場的價格變化呢？

避險基金？渡邊太太（代指日本的散戶投資者）？法人投資者？還是 Toyota 或通用汽車等大企業？

以上說的當然都是市場的參與者，但他們都不具備獨自推動市場的力量。因為外匯市場是全世界最巨大的金融市場，每天有超過 500 兆

日圓（約新台幣110兆元）的資金在流動。恐怕這世上沒有任何人擁有足以恣意改變這個市場的資金。

也就是說，這個問題應該換一個角度回答：**實際上推動這個市場的，單純是市場上所有的賣家和買家。**

在日本經濟因日圓升值而陷入蕭條時，日本銀行便曾每天投入數兆日圓的巨資購買美元，試圖穩住美元兌日圓的價格。然而，只要市場上的賣方比買方更多，美元兌日圓的價格就會持續下跌。

理由很簡單，因為比起日銀買進的美金和賣出的日幣，外匯市場上有更多人在賣美金和買日幣。同樣的例子還有投資大師喬治・索羅斯（George Soros）對英格蘭銀行的英鎊大戰（黑色星期三）等等，多不勝數。

≫ 高點和低點是賣方和買方的均衡點

這個「賣方和買方的關係」此一單純的事實，在我們分析價格變化時非常重要。簡單來說，**預測市場未來的變化，就是在預測買賣雙方勢力關係的變化。**這是因為如果知道現在買方勢力較強，我們就能跟著買進並搭上趨勢；而如果賣方勢力較強，我們只要跟著賣出就能賺錢。這便是「西瓜偎大邊」的道理。

接著，我們再順著這點往下思考。

道氏理論對趨勢有明確的定義，並且總是關注著市場的高點和低點。**背後的理由很簡單，因為高點和低點就是市場的賣方勢力和買方勢力的均衡點。**

若市場是賣方優勢，價格就會下跌；若市場是買方優勢，價格則會上升。然而，當賣方勢力和買方勢力相當，也就是做空的力量和做多的力量，亦即兩者的交易量相同時，價格就會停止不動。

所謂的高點就是價格因買方優勢而上升，但後來賣方逐漸增加，直到兩者達成均衡，導致價格無法繼續往上漲的結果。至於低點則是反過來。

≫ 箱型內部代表賣方和買方的勢力關係不明確

按照此邏輯分析價格變化，可以推知高點的上方存在著大量的賣家（賣壓），而低點的下方則有許多買家（買壓）正在虎視眈眈。所以說，**高點和低點是有意義的。**

此外，**價格突破高點或低點就代表賣方和買方的勢力均衡崩潰，因此市場很可能會一口氣倒向多數派並發生趨勢。**相反地，若價格在高點和低點之間游移，則意味著市場正處於賣方和買方的優劣關係飄忽不定的狀態。這便是**箱型整理。**

仔細思考市場的勢力關係，便能理解為什麼我們很難在箱型內部

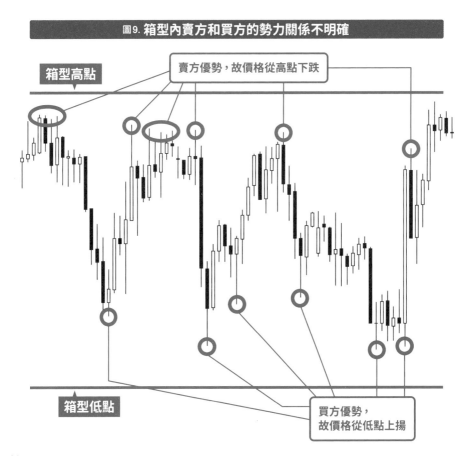

圖9. 箱型內賣方和買方的勢力關係不明確

箱型高點

賣方優勢，故價格從高點下跌

箱型低點

買方優勢，故價格從低點上揚

預測價格的方向並進場交易。我們永遠**不知道箱型內賣方和買方的勢力關係會如何變化**。當價格處在箱型內部時，之所以常常前一刻才上漲，下一秒又下跌，或是剛以為出現下跌趨勢，結果馬上又反彈上漲，便是因為賣方和買方的勢力關係尚未確定。而想知道市場到底是不是處於箱型，就需要運用切換週期的技巧（參照下一章）。

≫ 市場的方向取決於箱型突破的方向

外匯交易同時是一種櫃買交易（Over The Counter），不像股票那樣存在交易所。換句話說，外匯交易無法集中管理所有的買賣行為，因此**世上沒有任何人能夠精確掌握外匯的交易量**。

目前市場上究竟有多少倉位被掛出來賣？當中有多少成交？又有多少新建的反向交易？在外匯市場中，沒有人知道諸如此類的確切交易量，只能從價格的變化推測。

至於IMM持倉報告顯示的不是貨幣對，而是單一貨幣的買賣結果，並且僅限於期貨市場。

另外，最近有些外匯投資公司會公布下單狀況。這有點類似證券市場的五檔報價，可以從中推測出哪個價格帶的賣壓比較重，多數人都在哪裡停損等資訊。

然而，這也不過是那家公司的客戶下單的情形，並不是整個外匯市場的下單狀況。換句話說，這家公司的客戶可能都是日本人，顯示的數據具有特定的偏向，因此根據這個下單情況來推定整個外匯市場的變化可能是很危險的事。

因為**在沒有方向的市場中，直到箱型突破等勢力關係出現明確勝負的時機到來前，任何人都無法得知下一刻會發生什麼事**。

箱型突破決定市場的方向

跟隨市場多數走，
高買低賣

≫ 高點買，低點賣

在我還是初學者時曾讀過一本投資書，書上說要在「高點買」、「低點賣」。這本書的初版是在距今30多年前發行的，後來經過數次改訂，有書評認為這本書是每個交易員必備的經典書籍，是了解市場基本原理的重要參考書。

然而當時才剛接觸外匯投資2年多的我，一點也不認同這個評價。這簡直是胡說八道，用膝蓋想也知道應該是「趁回檔低點買進」、「在反彈高點賣出」才對。然而到了現在，稍微成長為獨當一面的投資者後，我才真正明白這位專家的意思。

換句話說，**如果要跟隨市場的變化趨勢，那麼「在高點買進」、「在低點賣出」才符合邏輯。**

≫ 趨勢就是連續不斷的箱型突破

當賣方和買方的均衡崩潰，價格開始朝其中一方傾斜時，便會發生高點或低點的突破。

如圖10所示，所謂的下跌趨勢，其實就是價格連續往下突破箱型。這張圖中一共有5個箱型。而價格連續5次跌破箱型的低點，由此可以判斷是下跌趨勢。所謂「在低點賣出」的意思，就是要我們搭上賣方優勢、價格下行的順風車，也就是前面已經提過很多次的「西瓜偎大邊」。

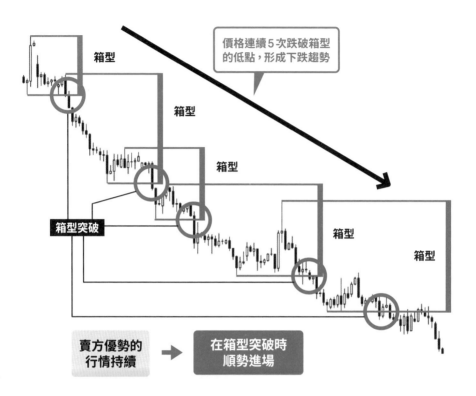

圖10. 趨勢是連續不斷的箱型突破

箱型

價格連續5次跌破箱型
的低點，形成下跌趨勢

箱型

箱型

箱型突破

箱型

箱型

賣方優勢的
行情持續 ➡ 在箱型突破時
順勢進場

　　跟隨市場多數派也符合外匯保證金身為衍生性金融商品的特性，是十分合理的做法。

　　理所當然地，上升趨勢的動態與下跌趨勢相反。

|||||||||||||||||||||||||| CHECK POINT ||||||||||||||||||||||||||

①在買方優勢的上升趨勢中，
　應該在高點買進
②在賣方優勢的下跌趨勢中，
　應該在低點賣出

趨勢的定義因人和指標而異

任何人都能用道氏理論
判斷趨勢

》 多數派創造市場的流動

所謂的趨勢行情，代表外匯市場的參與者一面倒向買方或賣方其中之一。市場參與者的多數派創造了上漲或下跌的流動（趨勢）。因此只要順從多數派的流向，任何人都能輕鬆獲利。而只要市場依然保持傾斜，這股流動就不會停止，漲跌幅度也會持續擴大，我們便可從中賺取價差。

不過，儘管趨勢行情聽起來很美好，但**有兩點很重要，那就是判斷趨勢的基準，以及判斷趨勢終結的基準。**

雖然趨勢有利可圖，卻仍然有很多人在趨勢中賠錢，就是**因為判斷趨勢的細微基準不明確。**

其實，任何人都能一眼看出的強勁趨勢並不是很常出現。舉例來說，在2012年到2015年的安倍經濟學行情中，美元兌日圓的價格從80日圓漲到125日圓，整整上漲了45日圓。而2020年到2022年之間也急漲了45日圓。在這兩個時期，所有買了美元／日圓的人，荷包都賺得滿滿的。然而，還是有人在這段期間大賠。可見趨勢的判斷比想像中更難。

更別說這種大行情往往10年才會出現一次。**在一般的交易中，（儘管會因貨幣對而異）通常每年只會出現一、兩次幅度在5～10日圓的趨勢。**

另外，雖然幅度更小、只有幾日圓左右的趨勢出現得更頻繁，然而相對地，**愈小的趨勢也愈難發現。因此，利用來判斷趨勢的基準十分**

重要。

在使用技術指標時，不同指標對於趨勢的判斷結果也會不一樣。所以當我們看到某個分析師說「現在屬於上升趨勢」時，一定要先確認這個人是根據什麼來判斷「趨勢」。因為若是對方的立足點與你不同，那麼看到的東西也很可能不一樣。

此外，如果那個人無法明確解釋自己判斷「趨勢」的基準，代表他有可能是根據基本面等進行模糊的判斷。因此在聆聽他人意見時，至少要先確認對方是使用哪種技術指標、哪種週期在做分析。

》 在大流中建立自己的倉位

我之所以推薦道氏理論，是因為道氏理論對趨勢有清楚的定義。換句話說，道氏理論的判斷基準非常明確。

而且道氏理論被全球許多投資者當成基本的技術分析理論，這代表**很多投資者會依據道氏理論來建立倉位**。換句話說，只要搞懂道氏理論，就能在全球匯市參與者創造的大流或大倉位中建立自己的倉位，比較不容易因為意外的市場變動而產生虧損。

道氏理論很簡單，任何人都能輕鬆學會。說來慚愧，以前也有讀者在我的部落格留言板中指出拙作的錯誤。既然出版成書，內容當然不能有錯，因此我也會隨時在我的部落格「虹色FX」上修正書中的錯誤，並向讀者們致歉。

這裡之所以特意介紹自己的糗事，是為了讓各位明白道氏理論是一個只要理解後，任何人都能看見相同結果的判斷基準，所以讀者才能發現我在書上的錯誤。

選擇適合自身成長階段的方法

用獲利當作佐證，
朝下一個交易方法邁進

≫ 只要能穩定獲利，使用任何方法都可以

　　從事外匯保證金交易之後，便會開始聽到或看到諸如「跟隨趨勢比較好」、「禁止逆勢操作和攤平」、「這個週期比較好」、「這個技術指標最好」之類「這個好」或「那個不行」的資訊。

　　雖然我一般都會建議大家不要研究太多方法，而是依循基本的理論，但另一方面我也認為，「只要能夠賺錢，使用什麼方法都可以」。看到這裡，有人可能會心想：「喂，田向，這跟你之前說的完全不一樣啊。」然而，外匯投資的目的就是賺錢。理解基本原理之後，如果想進一步改良自己的交易方法，而且確實能賺到錢的話，那也完全沒問題。外匯交易的獲利方法五花八門，即使不是拙作介紹的方法，**只要能夠穩定獲利，任何方法都無所謂。**

≫ 投資者的成長分成幾個階段

　　然而「使用什麼方法都可以」，並不是建議任何人都應該自己摸索、逐一嘗試。

　　學習交易技術時，如果不按部就班學習，很容易會變成繞遠路，導致事倍功半。就算把高手的技巧教給初學者，初學者也不知道該怎麼使用；而教導中階投資者有關新手應該注意的事情，也只會讓他們想打呵欠。

　　投資者的成長是分階段的。所以對於從事外匯投資的朋友，我會

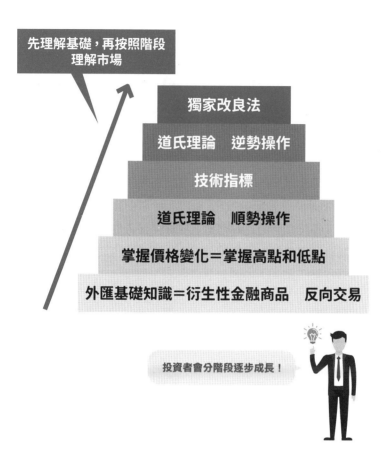

依照對方的經驗，透過社群平台私下向對方詳細地說明。因為我認為把理解程度不同的人聚在一起統一說明，無法讓所有人都得到適合他們的內容。

在我之前的著作中，為了幫助讀者按部就班地學習，我總是先介紹最基本的部分，也就是所有技術分析的基礎「道氏理論」。同時我還會介紹「順勢操作」的方法，因為這是一個對所有人來說都比較容易獲利的手法。而坊間常常否定逆勢操作和攤平，應該也是因為這些內容主要是寫給初學者看的吧。

>> 用獲利的事實來佐證成長和理解

了解交易的基本知識和道氏理論後，就可以朝下一個階段邁進，開始思考其他合乎邏輯的交易方法。模仿別人的方法並不能讓自己賺錢獲利。**累積經驗，加深對市場的理解後，自然會有能力去嘗試各種方法追求獲利。**這便是我所說的「階段」。之所以會說「只要能賺錢，使用什麼方法都可以」，是因為在理解市場和技術分析的基本原理後，自然會看見各種不同的交易方法，此時不需要再被過去使用的交易方法所束縛，用什麼手法都沒關係。

不過，即便覺得自己有所成長、有所理解，若沒有獲利的事實作為佐證，就沒有任何意義。**如果覺得自己搞懂了，但獲利卻沒有提升，應該認為自己其實並沒有搞懂。**沒有任何事物比獲利的事實更能證明你的成長。

打好基礎後
再學習
如何應用！

CHECK POINT

①用符合自身程度的方式追求獲利
②用獲利的事實佐證自己的
　成長程度和理解度

第2章

交易的祕訣是
找出市場的
阻力區間

使用阻力區間
尋找交易時機。

遵循一套規則持續投資
道氏理論的
交易策略

≫ 推動市場的賣方和買方的勢力關係

　　道氏理論關注市場上賣方和買方的角力關係。因為這股力量就是推動市場的動力。

　　下面讓我們用圖表來看看，應該如何運用道氏理論來思考交易策略。假設我們正處於**圖1**的Ａ點，此時該如何思考交易策略呢？

　　首先，如果Ｋ線向上突破Ａ的高點，那麼價格就會繼續上升。Ａ是當前的高點，而高點的上方是賣方優勢。因為賣家很多，所以價格漲到這裡就停住了。但若後續價格突破了賣方勢力守住的高點，就代表風向轉成了買方優勢。因此如果價格突破Ａ的高點，就意味著**買方勝過了賣方，價格很可能會上漲**。

　　然而，沒有人能確定市場會往哪邊走。這是圖表分析的大前提。投資者不是預言家，你我也無法成為預言家，我們必須冷靜地認識到這是一件理所當然的事。無論是商場還是市場，獲利的第一步都是學會用邏輯和機率去思考問題。

≫ 必須分別為上漲和下跌2種情況擬定策略

　　一旦能像這樣冷靜地看待市場，自然就會想到價格在Ａ點時可能會上漲，也可能會下跌。即便此前的走勢都是上漲，漲勢也一定會有結束的時候，必須隨時為反方向的走勢做好準備。

　　因此，看到價格一路漲到Ａ點，我們反而要**用道氏理論尋找可能使**

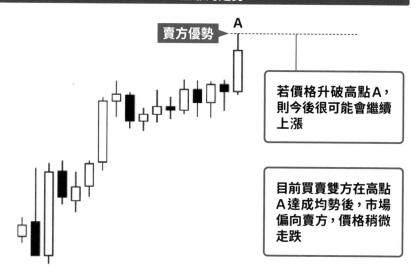

圖1. 上漲的走勢

賣方優勢 ⋯⋯⋯⋯⋯⋯ A

若價格升破高點A，
則今後很可能會繼續
上漲

目前買賣雙方在高點
A達成均勢後，市場
偏向賣方，價格稍微
走跌

市場風向轉換的低點。如第38頁的**圖2**所示，我們可以在圖表上找到過去的低點B、C、D、E。

之所以要回溯圖表尋找之前的低點，是因為買方的勢力曾在B、C、D、E點壓過賣方，使價格在此處停止。這也是低點形成的原因。而圖表告訴我們，價格曾在跌到這幾個低點後重新轉揚。

接著我們就能依據以上圖表顯示的價格變化來思考策略。根據道氏理論的推論，此時可以在價格漲破A點後買進，也可以在價格跌破B、C、D、E時賣出（**圖2**）。

第38頁的**圖3**是A點之後的價格走勢。由此圖表可知，價格後來跌破了低點B，開始轉跌。

若是提前根據圖表擬定策略，首先我們可以在B點的下方掛訂單（條件單*），當價格跌破B點時就能自動建立空頭倉位。因為B點的下方也有低點，所以在策略性地分析圖表後，除了在B點建立空頭倉位之外，我們還可以採用**金字塔交易法（遞進落單）**，在C、D、E的阻力區間下方加倉。

除此之外，我們還可以事先擬定策略，在D點或E點附近回補一部

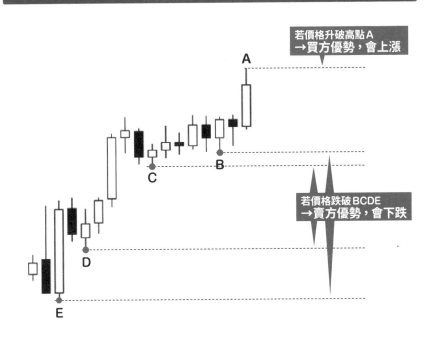

圖2. 根據道氏理論推導出的策略

A

若價格升破高點 A
→買方優勢，會上漲

B

C

若價格跌破 BCDE
→賣方優勢，會下跌

D

E

圖3. 之後的價格走勢

A

B

C

D

E

分或全部在Ｂ點或Ｃ點建立的空頭倉位，進行部分獲利了結或完全獲利了結。

　　一如我在拙作《一天看盤兩次，兼職外匯投資也能穩定獲利》中說明過的，只要事先擬好策略，就不會因為意料之外的價格變動而慌亂下單，即使放著不管，系統也能自動按照規則下單。

≫ 掌握現狀後再下單

　　為了將基於圖表建立的策略內化為自己的東西，可以嘗試自己在圖表上畫線。此外，在圖表上標出當前的箱型範圍也是一種方法。這麼做有助於快速從圖表掌握現狀，減少因為突然的價格變化而倉促下單的情況。而且在視覺上也更好辨識。事實上，本書提到的億級讀者就採用了這個方法。

　　關於上述策略的具體操作方法，有條件單法和IFD法（If Done）等等。如果再搭配長週期的線圖，就不需要一直緊盯著市場。系統會在市場價格觸及我們事先設定好的價格時自動執行訂單，不需要盯著螢幕也能自動建倉。

　　我在前作中之所以說一天只要看盤一、兩次就夠了，也是因為比起隨時緊盯著市場，和市場稍微保持一點距離，反而更不容易被自己的情緒影響操作。

＊ 限制只在市場到達特定價格後才會觸發的交易單，以下文中提及的「訂單」若無特別註釋皆指「條件單」。

尋找進場時機的方法

尋找市場均衡的阻力區間崩塌的時機

》預先設好訂單，避免慌亂

唯有市場不停變動，投資人才有機會從中獲利。因為外匯投資的本質就是賺取價差，在價格波動很小的膠著行情中，由於價差很小，要獲利的難度也比較高。因此所有的投資者都偏好趨勢行情。畢竟有趨勢就代表市場在變化，存在價格波動。

在趨勢出現之前，市場通常處於膠著狀態。當行情在箱型區間陷入膠著時，有些投資者就會開始感到焦慮不安。這是因為他們必須一直盯著線圖尋找進場機會。若是事先擬定策略並掛好條件單，就完全不需要操心，可以跟我一樣出去打網球。投資人的工作是思考策略，而不是按下交易鍵。

當行情持續不動時，由於價格波動很小，不易獲利，市場的參與者便會慢慢減少。我們覺得難以出手，代表全球匯市的參與者也都不好出手，最終導致**流動性降低**。

然而，即使是在流動性低的市場，有實際換匯需求的進出口業者還是必須買賣貨幣才能做生意。所以**在流動性低的市場中，實需交易會暫時成為推動市場的主要動力**。當流動性降低時，平時交易量不足以主導行情的實需交易也會引起劇烈的價格變動，有些投資者便會被這種波動欺騙，慌張地跳進去。

雖然推動低流動性市場的力量不只實需交易，但當匯市的流動性

圖4. 一道阻力區間，2種策略

買進　阻力區間上方是
　　　買方優勢

阻力區間

賣出　阻力區間下方是
　　　賣方優勢

在狹窄的箱型內下降時進場交易，依然是一件很危險的事。

》關鍵是找出市場的阻力區間

只要還沒突破抑制價格波動的阻力區間，市場就不會出現大幅的變動。了解市場的人會制訂策略，預先設好條件單在價格突破膠著市場（也就是箱型整理）的阻力區間時進場，然後靜觀其變。如果市場開始變動，系統便會自動建倉；如果市場沒有變化，那就不會出手。

如圖4所示，只要學會上述利用市場的阻力區間來設定條件單，就不會被市場價格的變化牽著鼻子走。**找出市場上賣方和買方的勢力均衡崩潰的位置，也就是價格突破阻力區間的時機，對於制訂交易策略來說是不可或缺的能力。**

如圖4所示，只要在圖表上找出阻力區間，就能利用它來建立交易策略。因為當價格突破阻力區間時，買賣雙方的均衡便會崩潰，市場很可能會開始變動。換句話說，我們可以利用市場平衡的崩潰點來思考交易策略。

然而，**即便找出圖表中的高點或低點，如果它們不是市場風向轉換的地方，亦即價格開始大幅變動的位置，那就沒有意義。**所以我們必須具備能準確解讀圖表，運用道氏理論找出正確的高點和低點的技術。

如同前一節的圖2所示，在上升的行情中，如果價格能夠向上突破

A的高點，市場趨勢就會繼續往上走。相反地，若價格如同前一節**圖3**的高點A在A的K線處停止上漲，那就必須考慮到這波漲勢反轉下跌的可能性。因為這代表A的高點已經變成如同第41頁**圖4**的阻力區間，阻礙價格上漲。此時可能有空頭勢力正在利用這個阻力區間做空。

　　以上交易策略的基礎都建立在構成阻力區間的高點和低點上，所以我很重視高點和低點。

首先冷靜地尋找
阻力區間。

|||||||||||||||||||||||||||||||| **CHECK POINT** ||||||||||||||||||||||||||||||||
①找出可以左右價格變化的阻力區間
②根據價格突破阻力區間的時機
　來制訂策略

成對設定進場和停損

運用阻力區間找出風險所在

≫ 入口和出口應該放在一起考量

　　光是尋找市場的阻力區間、知道進場的時機，仍不算是完整的交易策略。因為在一個完整的交易策略中，應該同時包含作為入口的進場點，以及作為出口的平倉點，即停利或停損的策略。

　　交易策略必須同時考慮入口和出口。換句話說，**在思考進場時機的時候，也必須同時思考應該在哪裡停損，一併尋找可以掛停損單的阻力區間存在於何處**。此時，我們還不會去思考停利的問題。

　　適當的停損位置同樣會隨著市場的風向改變。停損的阻力區間也是買賣雙方的勢力邊界，當價格突破阻力區間時，市場便會朝反方向移動。根據自己的資金情況和技術指標來設置停損點並不恰當。

　　合適的停損點應設定在稍微超出進場點反方向的阻力區間外側。

　　第44頁的**圖5**便是停損（Stop loss）的合適位置。如果是空頭倉位，可以將停損點設定在建倉價格上方的阻力區間上；如果是多頭倉位，則可將停損點設定在下方阻力區間的外側。稍微翻回前幾頁，在Section1**圖2**（參照第38頁）的例子中尋找阻力區間時，若考慮在B點做空，因為A的高點會形成阻力區間，我們可以在A的上方設置空頭倉位的回補停損單。由此可見，只要懂得解讀圖表，圖表就會告訴我們最適合進場和停損的位置。

圖5. 停損點

空頭倉位的
停損點

阻力區間

多頭倉位的
停損點

≫ 依據市場的阻力區間思考停損點

尋找停損點時有一點很重要，那就是不要出於自己的方便或一時興起的想法來判斷停損的阻力區間。

市場變化的本質是買賣雙方的勢力關係，因此除了突破後反向勢力可能會變強的位置之外，其他基準線都沒有意義。

例如本金的1%或是自己可容許的虧損金額等等，諸如此類的停損基準對圖表分析來說都是不恰當的。**因為根據本金算出的停損比例只跟投資人的資金充裕度和個人的主觀偏好有關，與市場的價格變化無關。所以從圖表分析的角度來看是不適當的。換句話說，唯一重要的就只有根據市場來解讀阻力區間的位置。**

≫ 停損比例和資金量

如何決定停損的位置跟資金管理也有一點關係，由於資金管理對金融投資非常重要，這裡再稍微多講一下。在坊間閱讀各種來源的投資資訊時，有時會看到某些文章用本金的百分之幾當成設定停損的標準。而我也看過很多散戶投資者誤解這句話的意思。

這句話並不是說只要損失比例低於本金的百分之幾，無論在哪裡

停損都無所謂。而是要提醒我們，**即便找到市場的阻力區間、設定好停損點，也應該將單筆交易可容許的虧損額控制在本金的一定比例以下（交易手數）**。換句話說，這是在假設讀者已有能力設定適當停損點的前提下，試圖教導讀者控制交易手數（lot）的觀念。

因此，若停損造成的虧損額不高，可以提高交易的手數；但若停損造成的虧損額較高，就應該減少交易的手數。如此一來，不管進場點與停損點的距離是近是遠，永遠只會損失相同比例（百分比）的本金。

這種初學者常見的誤解，通常是因為對資訊囫圇吞棗，只看到表面所引起的。近年來任何人都能透過部落格、社群平台、YouTube 發布與金融市場有關的資訊。正因為如此，確認資訊發送者的來歷、篩選出合理正確的資訊，並且自行思考消化，也就顯得更為重要。

對資訊囫圇吞棗
十分危險。

CHECK POINT

①進場和停損的時機
　應該放在一起思考
②停損點應該設定在
　市場的轉換點

週期長短與市場的關係

以主週期為基準，
同時運用複數週期分析市場

≫ 明確自己當成立足點的週期

上一章說明了趨勢與箱型緊密相關。因為趨勢中存在箱型，箱型中也存在趨勢。聽起來就像禪宗的問答一樣對吧。

說得更簡單一點，這其實就是**用哪個週期分析圖表和價格變化**的問題。市場的價格變化只有一種，而週期只是我們為了分析方便而用來切割價格波動的方式。

我在過去的著作中建議讀者使用日線，是因為全球的投資者都會參考日線。匯市是 24 小時全年無休的市場。但匯市的一天是始於大洋洲市場的開盤，終於紐約市場的收盤。這是全球共通的定義。我們在日線圖上看到的便是在這共同定義下，匯市一整天的價格變化。

另一方面，4 小時線、1 小時線、15 分線等短週期線圖，顯示的是當下匯市參與者所看到的價格變化。所以對於追蹤即時價格變化的人，使用短週期線圖會比日線圖更好。

如果想理解週期和市場的關係，我建議先從了解日線等單一週期上的價格變化開始著手。**不一定要使用日線圖，也可以使用自己偏好的週期。不過必須在每根 K 線出現時確認市場的價格變化。**這是看盤的基本。先做到這點，再來觀看其他週期的線圖，一點一點地拓展自己能做到的事。

在沒有固定週期當成立足點的狀態下同時考慮多種週期，只會把自己搞得暈頭轉向。因為週期不同，圖表上顯示的景象也不一樣。

圖6. 週期的長短與市場的變動

週期長度	價格變化	獲利空間	停損空間	價格波動的強度	趨勢	箱型大小	看盤的頻率
長	大	大	大	強	大	大	低
短	小	小	小	弱	小	小	高

　　散戶投資者剛開始進入外匯市場時,都是圖表分析的外行人。所以剛開始時最好先固定使用一種週期,明確自己的立足點。

　　相反地,假如已經確定了自己的立足點,就可以此為基準,透過長週期和短週期的角力關係更深入地看透市場。**一旦能掌握不同週期的阻力區間強弱,便能更好地理解目前的市場處於什麼狀態、交易時機在哪裡,建立多元化策略。**

》週期的長短與市場的變動

　　週期的長短與市場變動的特徵,可以整理成**圖6**的關係表。

　　當週期愈長,價格的變化幅度也愈大。此處說的價格變化,既是指單根K線的價格波動幅度,也是指多根K線組成的市場波動大小。無論何者都是長週期線圖的價格變動幅度更大。同時,週期愈長價格波動愈大這件事,也意味著我們在獲利時能賺到的錢更多,停損時產生的虧損也更多。此外,趨勢出現時的波動幅度與箱型的大小,同樣也是週期愈長範圍便愈大。

　　如果將線圖週期和價格變化的關係畫成圖,感覺應該會像第48頁的**圖7**一樣。

　　線圖的週期愈長,新K線形成的速度愈慢。

　　日線圖上一天只會形成一根新K線,但1小時線圖上一天會出現24根新K線,15分線圖上則會出現96根新K線。換句話說,因為我們必須在每次新K線出現時檢查市場價格的變化與高點、低點,所以**使用的**

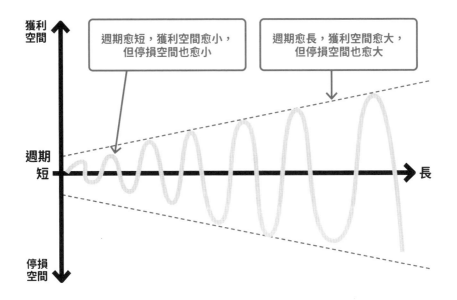

圖7. 週期與市場的振幅

獲利空間

週期愈短，獲利空間愈小，但停損空間也愈小

週期愈長，獲利空間愈大，但停損空間也愈大

週期短

長

停損空間

圖表週期愈長，看盤的頻率就愈低。如果使用日線圖，一天只需要檢查1～2次圖表；但若使用1小時線圖，就必須每小時檢查一次圖表。事實上，這就等於一整天都在看盤。

　　我通常會建議業餘投資者使用日線圖看盤，正是出於這個原因。因為擁有其他本業的業餘投資者跟專業投資者相比，能進行交易的時間有限。因此業餘投資者更適合使用看盤頻率低的長週期線圖。

獲利空間小也有很多好處

更容易專注於圖表的
剝頭皮交易

≫ 使用短週期線圖的剝頭皮交易

雖然我在前作中建議業餘投資者使用長週期線圖，但這件事其實也可以反過來想。如果大幅縮小線圖的週期，就能集中在一段時間持續看盤，因此對業餘投資者來說，刻意使用超短週期線圖進行交易也是一種可採行的方法。簡單來說，可以在下班回家後撥出幾個小時集中看盤交易。

然而，由於此時只能使用1分線或5分線等極短週期的線圖，因此獲利空間也會變小，通常只能瞄準1～5pips左右的利差。

當獲利空間變小，外匯公司的點差對單筆交易的影響就會變大。當點差較大時，在某些市況中，可能光是賺個1～5pips就得花上數小時。而且當價格波動的範圍很小時，由於停損和停利的價格跟市價非常接近，因此很難拿捏掛單位置。換句話說，如果要進行剝頭皮交易就必須一直盯著市場，即時手動下單。

如此一來，**能否在市場波動劇烈的時間帶交易就變得很重要**。一般偏好在東京時間的中間價出價時段、歐洲時間的開盤時段、倫敦的定盤時段等包含實需交易在內，交易集中的時段。然而，價格變化太劇烈的話，點差也容易變大。

≫ 使用可動用的資金進行務實的交易

剝頭皮是一種鎖定極小利差的交易方式。想用這種方式賺到跟長

圖8. 實效槓桿的計算方法

$$\frac{交易金額（交易數量 \times 交易匯率）}{本金（帳戶餘額）} = 實效槓桿〈倍〉$$

本金較少時，輕易拉高
槓桿率非常危險。

週期交易法相同的獲利（金額），就必須增加交易次數，或是增加交易手數，再不然就是兩者並用。所以從事剝頭皮交易的人往往會大幅提高交易數量，使用大手數進行交易。

然而，如此一來便需要極高的本金。即便使用剝頭皮交易，一旦實效槓桿超過10倍也是非常危險的事。實效槓桿可用**圖8**的算法計算。

舉例來說，如果要靠1pips賺到1萬日圓的獲利，以美元兌日圓來說，需要交易100萬日圓。要在100萬日圓的交易中將實效槓桿控制在10倍以下，為了方便計算，我們假設美元兌日圓的匯率是1美元＝100日圓，此時需要準備1000萬日圓的本金。

但是，實際上10倍的實效槓桿是非常高的槓桿倍數，風險太大。在現實的交易中，一般會希望將實效槓桿控制在1倍以下。如此一來，就需要準備1億日圓的本金。**即便將1pips的獲利減少到1000日圓，在1倍的實效槓桿下仍需要1000萬日圓的本金。**

而在本系列中，專為外匯投資入門者所寫的第一集裡也說明過，**在匯市中破產退場的人都有個共通點，那就是使用過大的槓桿倍數進行交易。**外匯保證金不是一局定生死的賭博，我們必須控制好槓桿，用積

圖9. 以賺到100pips為目標時

波段交易～當沖	當沖～剝頭皮	剝頭皮
1LOT × 100pips × 1次	1LOT × 10pips × 10次 10LOT × 10pips × 1次	100LOT × 1pips × 1次 10LOT × 1pips × 10次 1LOT × 1pips × 100次

> **在不同價差幅度、交易數量、交易次數下，
> 最適合的週期也不同**

少成多的方式累積利益。

此外，不用具體金額，而是改用賺到的pips數來思考獲利的話，便會發現只能透過增加交易數量或增加交易次數來提升獲利。日線圖一般採用波段交易法，單次交易的獲利目標通常在100pips左右，而剝頭皮不可能一次賺到100pips。為了賺到100pips，剝頭皮交易者通常會像圖9那樣，藉由組合交易手數和交易次數來達到100pips。**現實則是失敗的交易會導致虧損，因此實際上的交易次數必須更多。**

無論如何，剛開始先用小額試水溫，一邊學習外匯投資的技巧，一邊準備好充足的本金再認真投入，理論上就能提升在匯市中的生存機率。不論是創業還是投資外匯都一樣，從小地方開始再慢慢茁壯成長，才是成功的正道。

突破的阻力區間愈厚，後續的走勢愈猛

週期愈長，
阻力區間愈厚

≫ 長週期線圖上的阻力區間更厚

線圖的週期愈長，圖表中的箱型、高低點等的抵抗愈強。換句話說，**線圖的週期愈長，圖表中的阻力區間愈不容易被突破**。同時，一旦價格成功突破長週期線圖上的阻力區間，市場就有很高的機率會在之後發生劇烈震盪。這是因為原本被阻力區間壓制的勢力會在突破後一口氣動起來。

相反地，比起長週期線圖，短週期線圖上的高低點和箱型往往更容易被突破。

這些因週期長短導致的價格變化特性，可以說是圖表分析的基本知識。從中可以看到**「時間」要素對市場交易的重要性**。

那麼，為什麼週期的長短會影響價格變化的阻力，以及箱型頂部和底部的強弱呢？

市場價格之所以會有高低點，是由於賣方和買方的勢力在這些位置達成均勢，這點我們已經講過很多次。因為市場價格變化的本質，就是賣方和買方的角力關係。

≫ 週期愈短愈容易受到新聞等因素影響

請看**圖10**的示意圖。假設在一張5分線圖上，賣方和買方的勢力達成平衡，在某個價格上形成高點或低點。換句話說，在這個價格上，賣方和買方的數量相同。而買賣雙方的勢力平衡點便會形成市場的阻力

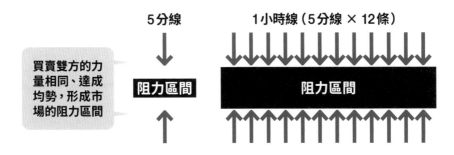

圖10. 賣方與買方的均衡

5分線　　　　　1小時線（5分線 × 12條）

買賣雙方的力
量相同、達成
均勢，形成市
場的阻力區間

阻力區間　　　　　阻力區間

區間。

　　如果拉長週期換到1小時線，這時市場上的力量會直接變成5分線的12倍。因為1小時等於12個5分鐘，所以想在1小時線圖上達成均勢，無論買賣雙方都需要5分線圖12倍的數量。1小時線圖上之所以會形成某個價格，是因為某個5分線圖上的均勢關係持續了12倍的時間。因此在1小時線圖上推動價格漲跌的力量比5分線圖更強，阻力區間也更厚。

　　按照這張示意圖的邏輯思考便可想像，**長週期線圖上的高低點所形成的阻力區間更容易形成強大的箱型頂部或底部，對於價格變化也有更強的支撐和抵抗作用。**

　　同時，由於短週期線圖上的市場力量較弱，因此很容易被頭條新聞或就業統計等來自市場外部的重要指標所影響。在短週期線圖上，當市場突然湧現大量的買單或賣單時，薄弱的阻力區間往往會被這股力量突破。

　　關於短週期線圖很容易受到外部因素影響這點，請參照第54頁的**圖11**。圖**11**是2019年3月15日至22日美元兌日圓的1小時線圖。雖然1小時線圖不算是週期特別短的線圖，但因為它的週期比日線圖短，所以市場的力量也比日線圖更弱。

　　運用道氏理論分析圖表，便會發現圖中自3月15日的111.761之後，連續出現了3個向下的箱型。這3個向下的箱型在3月19日觸及

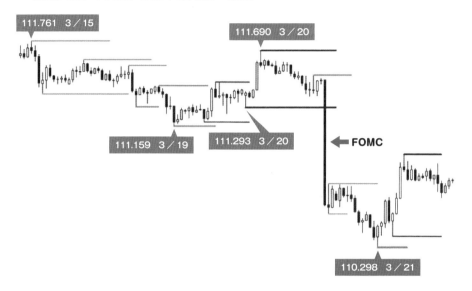

図11. FOMC 會議期間的交易策略

〈美元／日圓　1小時線　2019年3月15日～22日〉

111.761　3／15

111.690　3／20

111.159　3／19

111.293　3／20

← FOMC

110.298　3／21

111.159的低點。箱型逐步向下，代表中間跌破了新低，且沒有突破新高，符合道氏理論的下跌趨勢。

在111.159的低點後，價格沒有繼續跌破最後一個箱型的低點，反而向上突破了箱型，令趨勢發生轉換。隨後價格不斷突破新高，形成上升趨勢，直到3月20日碰到111.690的高點，形成111.690和111.293之間的箱型。

那麼接下來進入正題。美國在3月20日舉行了決定國家金融政策的FOMC（聯邦公開市場委員會）。FOMC是全球金融界和投資者都相當關注的重要經濟指標。全球的投資者都會根據會議結果做出反應，因此很可能令市場發生劇烈變動。

≫ 根據週期擬定交易策略

在這個箱型中，我們可以考慮幾種不同的交易策略。

　　首先，假設你是一個用1小時線的緩和波動賺取價差的投資者，而且手上握有多頭倉位。換句話說，假設你已經在價格從111.159的底部轉揚時買進多頭倉位，此時就必須在箱型底部的111.293下方設置停損點。否則，當在更長週期的線圖上出現強力的賣壓，使價格一口氣下跌，便會蒙受巨大的虧損。

　　接著，再來思考新進場時的交易策略。由於FOMC會提前公布會議時間，因此我們應該留意市場在會議的幾小時前便形成111.690和111.293的箱型這件事。

　　根據道氏理論，我們可以在111.690的上方設定買進的條件單，以防價格在FOMC會議後上漲。與此同時，也可以在111.293的下方設定賣出的限價單。這種策略背後的邏輯，是預期1小時線這種短週期線圖會在FOMC會議後出現較大或激烈的震盪，因此利用條件單的方式提前準備。換句話說，**即是預防舉行FOMC會議的期間出現超過1小時線圖勢力關係的劇烈波動**。此時的停損單可按照理論，設定在箱型相反側的阻力區間外。結果，美元／日圓的價格在隔天21日跌至110.298，下跌了約100pips。

　　按照平時1小時線圖的價格波動幅度，從111.761跌到111.159也花了3天，跌幅大約是60pips，但在FOMC會議這種重要事件發生期間，市場在短時間內便出現了劇烈波動。

　　這類策略並不是鼓勵大家鎖定FOMC會議這種重要事件引發的劇烈波動，而不要浪費力氣去追逐前面較小的波動。請千萬不要產生這種誤解。

　　這麼做單純是根據週期來思考交易策略。

　　即便使用短週期線圖，如果想在平穩的行情中一點一點地累積獲利，那麼最好在這類新聞事件較少的時期進場，並在這些大事件發生前了結獲利或停損。此外，也可以鎖定這些經濟指標公布的時期，利用這時的市場波動獲利。不論採取哪種策略，都必須先搞懂週期和市場的角力關係。

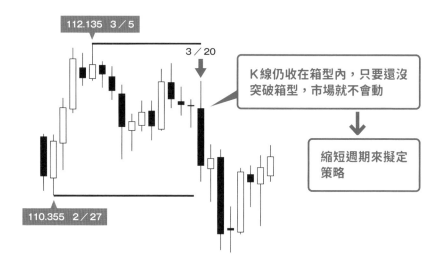

圖12. FOMC會議舉行前後的日線圖

〈美元／日圓　日線　2019年2月～3月〉

112.135　3／5

3／20

K線仍收在箱型內，只要還沒突破箱型，市場就不會動

縮短週期來擬定策略

110.355　2／27

》 縮短週期尋找進場機會

利用日線圖分析這波FOMC的行情，結果如**圖12**所示。

在FOMC會議舉行的3月20日，雖然當天留下了一根大陰線，但價格仍在2月27日的低點和3月5日的高點圈成的箱型範圍內。換句話說，根據道氏理論，日線圖上仍是箱型整理，應該繼續觀望。

在這種**重要事件發生前，如果日線圖上的行情正好處於箱型整理，我們可以縮短線圖的週期來思考交易策略，尋找獲利機會**。當然，此時也需要預防日線圖上的價格突破箱型，市場發生劇烈震盪的情況，而在日線圖的箱型外側設置做空或做多的條件單。像這樣基於圖表事先做好準備，就能應對2019年1月這類的閃崩事件。

經濟指標等與週期長度的關係

短週期的價格
更容易受經濟事件影響

≫ 短週期的價格容易受到經濟事件的影響

接下來我們就按照這個思路，來看看2019年4月的就業統計。就業統計也是重要的經濟指標之一，受到許多市場參與者關注。近年結合就業統計的研討會已成為日本外匯業界的主要活動。但同樣作為經濟指標，FOMC和就業統計的意義並不相同。FOMC會直接決定美國的金融政策，而就業統計只不過是FOMC檢討政策的材料之一。

當我們縮短線圖的週期時，就必須將上述經濟指標的影響納入考量。但這並不是要我們去預測經濟指標的結果，而是指**在使用短週期線圖進行分析時，必須考慮經濟事件造成價格震盪的可能性**。這也是使用短週期線圖時要注意的地方。在上一節中，FOMC會議對1小時線和日線的影響差異也反映了這一點。

請各位觀察第58頁的**圖13**，在4月5日公布就業統計時，價格首先跌破了1小時線圖中的箱型低點111.597（**圖中①**），然後又漲破了箱型的高點111.799（**圖中②**）。如果按照道氏理論預先在箱型的頂部和底部設定箱型突破時的條件單，那麼多空兩方的倉位都會在價格反向突破箱型時觸發停損。雖然這個1小時線圖上的箱型範圍在111.597和111.799之間，只有20pips左右，但若採取跟上一節FOMC會議期間相同的策略，無論做多還是做空都會被打臉。這是無可避免的事。但既然是按照理論操作所產生的結果，那也只能摸摸鼻子認賠。

在經濟指標公布後，如果市場參與者沒有一面倒地賣出或買進，沒有明確的風向時，市場便會出現這種上下搖擺的情況，導致所有押注

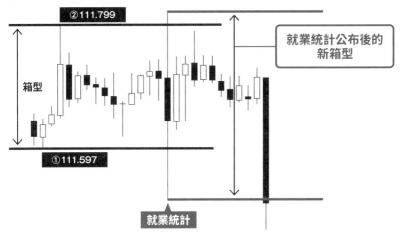

圖13. 2019年4月就業統計公布前後的1小時線圖

〈美元／日圓　1小時線　4月5日～8日〉

②111.799

就業統計公布後的
新箱型

箱型

①111.597

就業統計

此事件的策略統統失敗。

　　然而，這種市場搖擺的情況會讓箱型的範圍擴大。因此，如果再次遵循道氏理論在擴大後的箱型上下方預先設定條件單，便能抓住之後市場穩定下來的下跌行情。這波下跌代表賣方勢力在市場中勝出，如果在此設好條件單，建立空頭倉位的話，便能成功獲利。

　　由此可見，市場不會總是按照我們所期望的來運行。在某些週期下，市場有時很容易受到經濟事件的影響。但當市場朝某個方向動起來時，只要搭上順風車就能從中獲利。

　　因此，**就算遇到失敗也應該要保持冷靜，繼續重複執行相同的操作，這點非常重要**。另外，若發現自己很容易被經濟事件牽著鼻子走，也可以使用OCO下單。這麼做雖然可以確保市場上下震盪時不會虧兩次，但當市場只折返一次時，卻會錯過上車的機會。

　　因此，還有一種策略是預先考慮經濟事件產生的影響，改變下單方法。例如**圖14**是同一次就業統計公布時的5分線圖。

　　4月5日19時到22時的這個箱型，底部是19時的111.684（**圖中③**），頂部是20時的111.742（**圖中④**），範圍僅有5.8pips。因為是5分線，所以我們以5～10pips的獲利目標來設定條件單。

圖14. 2019年4月就業統計公布前後的5分線圖

〈美元／日圓　5分線　4月5日19時～22時〉

111.822

④111.742

③111.684

111.513

　　此時，我們就可以在1小時線圖上的那波上下甩尾之中，賺到一波價差。

　　由此可見，在配合經濟指標進行操作時，應該考慮該經濟指標的衝擊性有多大，思考要採用哪種週期的圖表和哪種下單方法。

2道阻力區間夾成箱型的情況

4個利用阻力區間進場的
基本時機

≫ 箱型突破與逆勢操作

　　至此，我們介紹了市場的阻力區間，而**利用市場的阻力區間進行順勢操作時，在同一個週期的線圖上，基本有4個進場時機**。若把逆勢操作也加進來，就有6個進場點。

　　如**圖15**所示，假如當前的價格位於箱型AB的阻力區間之間，那麼上下2個阻力區間各有2個進場和停損的時機。然而，如果把其他週期也考量進來，我們還能再找出其他阻力區間。在實際的交易中，通常會結合不同週期的阻力區間來思考策略。

　　圖15是高點A和低點B圍成的箱型。換句話說，上面有A這道阻力區間，下面則有B這道阻力區間。

　　此時，若價格漲破A，由於買方勢力壓過賣方，因此價格更容易往上升；若價格跌破B，代表賣方勢力壓過買方，價格更容易往下跌。所以，我們可以在①做多，在④做空，在箱型突破的時候順勢操作。

　　另一方面，當價格來到箱型頂部的A附近時，若賣方的勢力還很強，價格有時會無法突破A點，反轉下跌。同理，在底部B的附近也可能發生反轉上升的情況。在遇到這種箱型時，我們可以在②做空，在③做多。

　　②和③的操作與市場的風向相反。在價格上漲至箱型的頂部A時做

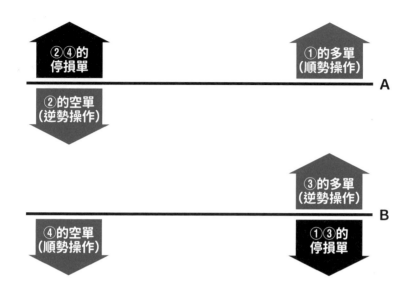

圖15. 利用阻力區間尋找交易時機

空（②），在下跌至箱型的底部B時做多（③），這樣的操作便屬於**逆勢操作**。逆勢操作背後的邏輯是判斷市場的阻力區間很厚，價格很可能無法突破箱型，於是鎖定箱型突破失敗的時間點，利用阻力區間來縮小停損範圍。Section2的**圖4**指出我們應該永遠在阻力區間的上方做多（①、③），在阻力區間的下方做空（④、②），便是這個意思。

≫ 趨勢常常在靠近阻力區間時停止

接著再加入週期的觀點來思考。②和③這種走勢逆轉的情況，比起相同週期上的阻力區間，更容易在價格接近長週期箱型的頂部或底部時發生。這是因為**在不同週期下，阻力區間的強度也不相同**。換句話說，我們必須留意自己所用的線圖中的阻力區間，是否剛好也很接近更長週期線圖中的阻力區間。

對於依據短週期線圖建立的倉位來說，這可能會影響到獲利的空間，因此可以考慮在價格碰到長週期線圖的阻力區間前了結獲利。由於

停利是一種反向交易，因此價格在碰到Ａ前較容易出現賣壓，在碰到Ｂ前較容易出現買壓。此時若剛好又湧現新的逆勢倉位，市場的風向便會開始反轉。

同時，當趨勢在阻力區間附近停下時，經濟學家常常會跳出來解釋「是因為外匯期權（選擇權）的影響」。或許的確如此。然而，如同本書多次強調的，市場之所以會變動，純粹是因為賣方變多或是買方變多。**不論有無期權影響，只要漲跌的動能夠強就可以衝破阻力區間，不夠強時就無法突破。**僅此而已。

我們可以參考期權的資訊當作輔助，但包含期權在內，市場均是由買賣雙方的角力關係所推動，因此比起仰賴期權的資訊，直接根據市場的價格變化來進行判斷才是最好的方式。

這裡還有一個希望大家注意的地方，那就是停損（Stop Loss）的位置。如果是做多的話，不論是在①買進還是在③買進，停損點基本上都應該設在箱型的底部Ｂ下方。這是因為如同前述，市場的勢力關係會在價格突破箱型的相反側時改變。然而，如果事先掛在①的買單順利成交，自動建立多頭倉位的話，則應該依照理論，將停損點移動到最近的低點處。當然，如果是空單的話，停損的位置就應該反過來，設置在箱型的頂部Ａ上方。

CHECK POINT
①利用阻力區間交易的時機，
　是在箱型突破或逆勢操作時
②在不同週期下，
　阻力區間的強度也不相同

第3章

運用阻力區間的
外匯交易實例

思考利用
阻力區間的
策略。

看盤的重點是觀察價格是否會突破阻力區間

如何在實際交易中
運用市場的阻力區間？

≫ 實際運用阻力區間建立交易策略

到上一章為止，我們個別分析了如何尋找市場的阻力區間、進場時機，以及平倉時機。而在第3章，我們會分析如何實際運用市場的阻力區間。首先我們來一邊模擬各種情境，一邊思考整體的交易策略。

請看**圖1**。

某個箱型的頂部U形成市場的阻力區間，壓制了價格的上揚，但後來價格成功突破了這道阻力區間。因此，我們預先在U點上方設置的條件單被執行，自動建立了多頭倉位。

而在價格突破U點後，最近的低點A便成為新的箱型底部，也是我們的停損點。

之後，價格如**圖2**所示一路上漲，但碰到某個價格後便停止上揚，

圖1. 向上突破阻力區間後的新底部

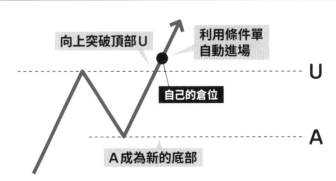

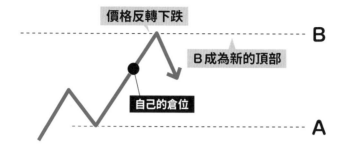

圖2. 形成新的箱型

價格反轉下跌

B

B 成為新的頂部

自己的倉位

A

開始轉跌。此時形成的高點 B 和低點 A 成為了新箱型的頂部和底部。結果，前面建立的倉位跑到了箱型 AB 的中間。

接著再看**圖3**。如果價格突破高點 B 的阻力區間，便能突破箱型 AB，繼續上漲趨勢。但在此例中，漲勢被高點 B 壓回後，形成了新的低點（**圖中①**）。不過，這個低點（**圖中①**）還不是支撐新箱型底部的低點。因為此時價格還沒向上突破 B 點。

之後，價格從低點（**圖中①**）回漲，但又一次在高點 B 前被壓回，形成新的低點（**圖中②**）。然而，此處似乎又變成多頭占優勢，因此價格並未跌破箱型的底部 A，緊接著又再次轉升，而且這次成功突破了箱

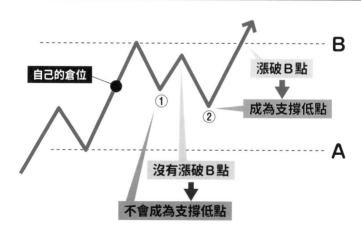

圖3. 支撐低點會成為新的底部

自己的倉位

B

漲破 B 點

成為支撐低點

①

②

A

沒有漲破 B 點

不會成為支撐低點

型的頂部B。在這個時間點，最近的低點（**圖中②**）就轉變成了支撐低點，成為下一個箱型的底部。

在這個箱型的頂部B被突破的那一刻，代表B點上方的買方勢力壓過了賣方，市場很可能會上漲，因此我們也可以開始思考下一步策略。

》阻力區間可作為判斷價格走勢的基準

在我過去的著作中，為了幫助讀者打好基本功，總會在書中強調「我們無法得知市場未來的走向，所以不要設定目標價」，但其實有幾個阻力區間可以當作判斷價格走勢的基準。那就是圖表上的歷史高點和低點。雖然要找出這些高底點，有時必須回溯到很久以前的時間點，但**往回拉的時間愈長，代表這個阻力區間的強度可能很高**。請回想一下第2章關於週期差異的內容。

在這個模擬情境中，我們可以在價格突破箱型頂部B，而且很可能繼續上漲的時間點，回頭尋找歷史的高點。結果我們找到了**圖4**中C和

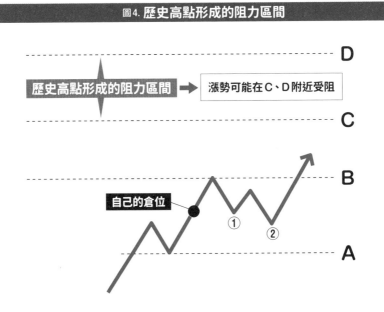

圖4. 歷史高點形成的阻力區間

歷史高點形成的阻力區間 ➡ 漲勢可能在C、D附近受阻

D這2個阻力區間。這2個價格便是未來可能阻礙上漲趨勢的天花板。

　　此時因為換到了新的箱型，所以我們要把停損點從A的下方移動到低點②的下方，同時以C和D作為獲利了結的基準。由於本節的主題不是箱型，因此圖中沒有畫出詳細的箱型範圍，但所有操作都符合道氏理論，相信讀者們應該都看得懂才對。

　　在找出歷史高點C和D後，我們就可以開始思考這2處存在長週期阻力區間的可能性。換句話說，漲勢可能會在C或D附近受阻。

≫ 如何應對下一個可能出現的阻力區間？

　　之後的走勢如第68頁的**圖5**。上漲的動能首先被第一個阻力區間C攔下，令漲勢暫時休止。

　　如果是熟悉圖表分析基礎的人，此時應該都會發現C的位置形成了阻力區間，因此這附近會湧現很多交易。

　　一部分手上已有多頭倉位的人會在這裡了結獲利。同時也可能有部分空頭在這裡建倉，誘使更多的多頭出清倉位。因為很多人擔心風向會轉變，在市場轉跌前確保已經累積起來的獲利。

　　同時，也有人會賭價格無法突破C的阻力區間，而在C附近建立新的空頭倉位。雖然在此做空是逆勢操作，但因為停損點就在C的上方，即使停損也不會損失太多。相反地，儘管需要承擔一點停損風險，但若市場大幅下跌，就能吃到下跌行情的魚頭。

　　另外，因為逆勢操作是逆著趨勢交易，所以即便價格真的下跌，跌幅也不見得會深到足以令趨勢轉換。但就算如此，還是要瞄準微小的價差來獲利。如果認為短暫回檔的蠅頭小利也無妨，就如同第1章所說的，「即使方向不對，只要時機對了就能賺到錢」。

　　即使漲勢在C的阻力區間暫時受阻，只要上升趨勢夠強，最後價格還是會突破C繼續上漲。在那之後，下一個漲勢的關卡便是D點。D和C一樣都是市場的阻力區間，所以我們可以利用這道阻力區間進行各種不同的操作。

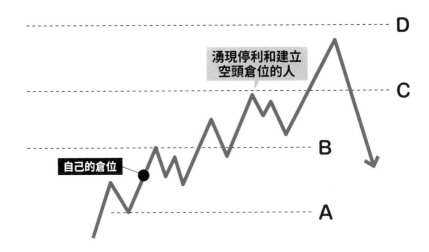

圖5. 投資者對阻力區間的盤算和價格變化

D

**湧現停利和建立
空頭倉位的人**

C

B

自己的倉位

A

在**圖5**的例子中，最終價格沒能突破D點，反轉下跌，但這個變化並不重要。這裡希望各位理解的是，我們不只可以利用現在的箱型，**也能尋找圖表上的歷史高點和低點，藉此找出未來市場可能碰到的阻力區間，思考未來的策略。**

圖5中的價格變化，其實就是我以前曾經在推特（現改名為X，@maru3rd）上分享過的真實市場行情（**圖6**）。這篇文章是我2019年2月4日在推特上發表的。

從推文可知，在2月4日那天，我判斷美元／日圓的日線箱型高點在111.407，低點在104.837。同時我認為在2月4日的時間點，最近的抵抗線是1月23日的高點（109.997）。

在上述這條推文發布時，美元／日圓的實際價格走勢就如第70頁的**圖7**。這張日線圖顯示的是2018年12月到2019年2月的價格走勢。

這則推文是在2月4日發出的，而價格碰到前面**圖5**高點B的時間，是在第70頁**圖7**的1月23日，即109.997（**圖中①**）；碰到A點的時間則是1月31日，即108.498（**圖中②**）。

以防萬一特別補充一下，在**圖7**的圖表中，雖然2月4日的高點已

圖6. 關於美元／日圓價格走勢的推文

 田向宏行 @maru3rd · 2月4日

美元／日圓在 1/31 的低點＝108.498 觸底後，雖然漲了超過 1 日圓，但上方還有 1/23 的高點 109.997，若漲不上 110 日圓就有下跌的風險。美元／日圓仍然夾在 111.40 和 104.84 的日線箱型內，方向不明，在 111 日圓附近可能承受賣壓。應關注亞洲時間週初的上漲是否會持續。

♡   ↻ 8   ♡ 41   ⬆   ▥

經漲破了 1 月 23 日的高點，但我發推文的時候還沒漲破高點。所以我並不是放馬後砲（笑）。而是在我發完推文後，價格一如預期地突破了高點。

　　2 月 4 日的價格夾在 111.407（**圖中③**）到 104.837（**圖中④**）的日線箱型之間，還沒有明確的方向。因此若價格突破最近高點＝109.997，就等於突破了日線箱型頂部，有很高的機率繼續上漲；而若跌破最近低點＝108.498 的話，則可能繼續朝著箱型底部前進。此外，再往上觀察的話，由於上面就是相當於**圖5**中 C 點的 111.407，因此我才會判斷「在 111 日圓附近可能承受賣壓」，令漲勢受阻。

　　雖然**圖7**中並沒有標出相當於第 68 頁**圖5**中 D 點的價格，但比對 YJFX 的圖表，便會知道 D 點就是 12 月 13 日的高點（113.707）。

　　市場上往往同時存在很多個前列圖表中的阻力區間，因此**在看盤的時候，檢查價格是否突破這些阻力區間非常重要。**

圖7. 市場的阻力區間與實際的價格走勢

〈美元／日圓　日線　2018年12月〜 2019年2月〉

③高點：111.407　12／26

2／4

①高點：109.997　1／23

②低點：108.498　1／31

箱型

④低點：104.837　1／3

將阻力區間當成停利的參考價

未來的阻力區間
在哪裡？

≫ 理解道氏理論就能知道未來的方向

在我之前出版的書中，介紹圖表分析時主要都使用相同的週期。這是因為我認為要搞懂道氏理論，應該先用單一週期理解理論的基礎。

而本書的內容會更進一步。接下來會假設各位已經理解基礎的部分，介紹更多不同道氏理論的應用技巧。其中之一便是本章所介紹的，使用道氏理論找出目標價和未來方向的方法。

在前作中，我說過「沒有人知道市場會怎麼變化。所以不要設定停利的目標價」。至於停利的時機，在上升趨勢中，應該透過不斷將停損點往上移動來自動執行；在下跌趨勢中，則應該不斷將停損點往下移。換句話說，就是在趨勢轉換的時候透過自動停損的方式了結獲利。

然而，由於這個方法必須等待最後的箱型往反方向轉換，因此吃不到最後這個箱型範圍的價差。

≫ 短週期的阻力區間和長週期的阻力區間

既然讀到這裡，相信各位應該已經注意到了，如果過去的高點和低點會成為市場的阻力區間，那麼我們其實可以用這些阻力區間當成目標價。至於找出過去高點和低點的方法，我會在增補的部分說明。

然而，由於沒有人知道市場未來會怎麼變化，因此價格也有可能突破這些阻力區間，繼續往上或往下延伸。換句話說，市場有可能在超

過目標價後繼續上漲或下跌。市場沒有絕對，所以我才會說「沒人知道市場會怎麼變化。不要設定停利目標」。

這也是市場的兩難之一。要是以阻力區間作為基準，在阻力區間附近停利，那麼當價格繼續上漲或下跌時，就會錯失本來可以賺到的利益。相反地，如果更重視增加獲利，不理會阻力區間的存在，透過不斷移動停損點來停利，則有可能錯過最後一段的漲幅或跌幅。

現實中經常發生市場在碰到阻力區間時，暫時休止的情況。這時候，市場參與者便會開始留意這道阻力區間的存在。因此，我們可以在行情受阻時暫時平倉，了結獲利，觀察趨勢是否持續，並在阻力區間的另一頭設定限價單，等價格突破阻力區間之後自動建立新倉位。這也是一種策略。此時，若前方的阻力區間跟當前週期的其他阻力區間重疊的話自不用說，**若還跟更長週期的阻力區間重疊或鄰近，那麼這2道阻力區間很可能會結合形成阻力更強的阻力區間，令走勢在阻力區間附近停止。**如果能夠自在地運用圖表的週期，就有更多交易策略可以運用，並有可能找出更多交易的時機。

圖8的推文便是我以前對歐元／美元的目標價分析。

當時歐元／美元的價格如**圖9**的日線圖所示，正在1.1330的關卡附近，連續4天高點都在這個位置被壓回。因此我在推文中分析，若價格無法突破1.1330，那麼後續有轉跌的可能；相反地若能突破，之後應該會上漲到3月20日的前高點1.14476的阻力區間附近，也就是1.14左右。

不過後來市場轉跌，在4月18日留下一條大陰線。因此在這個例子中，市場沒有到達高點的目標價。然而，由此例可知，我們應該隨時考慮市場向上和向下的可能性，並分別針對這2種情況建立策略和進行模擬，分析可能的發展。

圖8. 關於歐元／美元價格走勢的推文

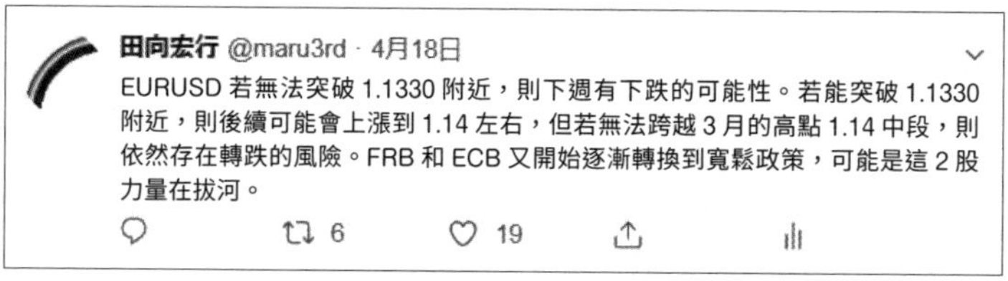
田向宏行 @maru3rd · 4月18日
EURUSD 若無法突破 1.1330 附近，則下週有下跌的可能性。若能突破 1.1330 附近，則後續可能會上漲到 1.14 左右，但若無法跨越 3 月的高點 1.14 中段，則依然存在轉跌的風險。FRB 和 ECB 又開始逐漸轉換到寬鬆政策，可能是這 2 股力量在拔河。
6 19

圖9. 歐元／美元的實際價格走勢

〈歐元／美元　日線　2019年3月～4月〉

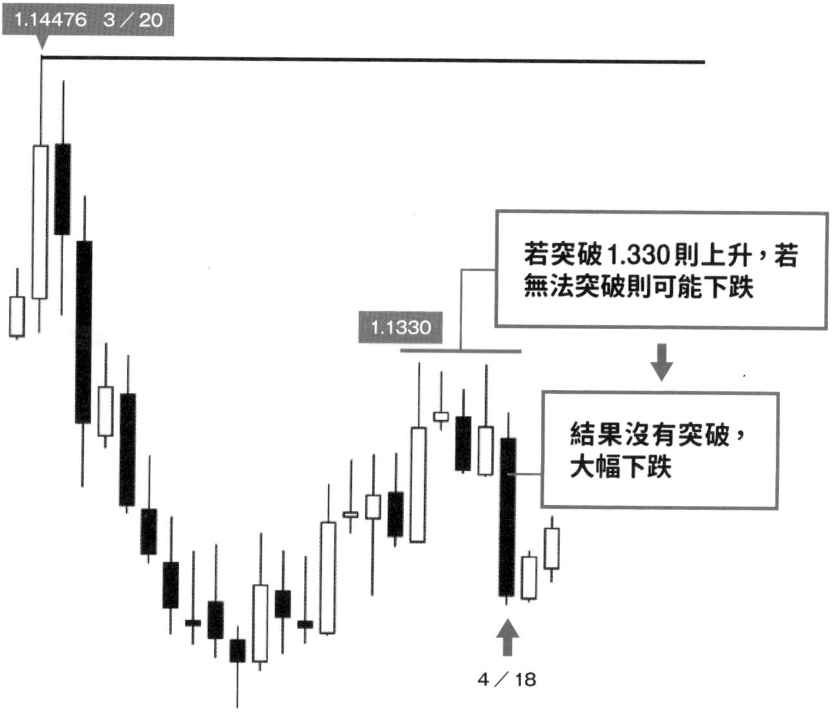
1.14476　3／20
若突破1.330則上升，若無法突破則可能下跌
1.1330
結果沒有突破，大幅下跌
4／18

隱形賣家和買家的躲藏處

留意整數和
平價點等關卡

》整數會形成阻力區間

在追蹤價格變化時，除了圖表上的阻力區間之外，也要留意價格的關卡。**因為這裡存在隱形的阻力區間。**這種阻力區間與圖表上的歷史高低點無關，價格就是很容易在這附近遇到阻力，買賣雙方就是很容易在這些關卡上發生膠著。

具體來說，**以美元／日圓這類日圓貨幣對為例，所謂的關卡便是111.000日圓或111.500日圓這種漂亮的整數。**換句話說，就是末三位數剛好是000或500的價格點。除此之外，像是110.000或100.000這種更漂亮的整數也很容易受到市場關注。

而換成純美元、歐元、英鎊等無日圓的貨幣對，則是0.98000、1.03000、1.03500等價格。

其中尤以平價（parity）最容易受到市場注目。**所謂的平價，以歐元／美元為例便是1歐元＝1.0000美元，以英鎊／美元來說便是1英鎊＝1.0000美元，**換句話說就是歐元與美元等值，或是英鎊與美元等值的情況。以我最熟悉的美元／日圓為例，（雖然不是平價）1美元＝100日圓就是一個很有影響力的關卡。

順帶一提，以日圓的貨幣對來說，平價的定義就是1美元兌1日圓、1歐元兌1日圓的情況，不過除非實施貨幣改值，否則現實中應該不可能出現這種匯率。因此，美元／日圓的100.000和歐元／日圓的100.000，便算是跟平價具有相同影響力的大關卡，會形成巨大的阻力區間。

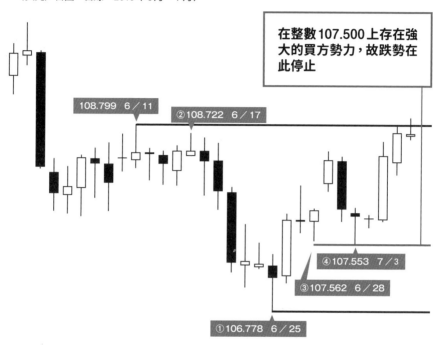

圖10. 整數價格對價格變化的影響

〈美元／日圓　日線　2019年6月～7月〉

在整數107.500上存在強大的買方勢力，故跌勢在此停止

108.799　6／11

②108.722　6／17

④107.553　7／3

③107.562　6／28

①106.778　6／25

≫目的終究是尋找市場的轉換點

在這類價格附近，很容易湧現不理會每天線圖和價格變化的長線投資單，以及與期權相關的交易單。

圖10是美元／日圓從2019年6月到7月的日線圖走勢。

美元／日圓的價格在6月25日一度下跌至106.778（**圖中①**），但最後收在107.159。隨後價格在隔天6月26日往上突破了25日的高點，因此在6月11日和25日的區間形成了箱型。

此時，如果只考慮嚴格意義的道氏理論，箱型的高點不在6月11日，而是6月17日的108.722（**圖中②**）。然而價格在6月11日的高點被押回，而6月17日的K線並未超出這個高點。同時，這2個高點的差距非常小。既然選擇高一點的高點也沒有什麼差別，而且要是選了較低

的高點，結果卻誤觸停損的話就太蠢了，所以還是選擇較高的高點更加安全。

進行技術分析的**目的不是尋找高低點，而是找出市場風向的轉換點，至於高低點只是幫我們找出轉換點的手段而已。**

》整數的影響不分週期

稍微離題了，讓我們回到正題。

前面分析的**圖10**中，位於6月11日到25日箱型區間內的上揚走勢，後來在27日再次開始轉跌。觀察色線標示的部分，價格在6月28日的低點107.562（**圖中③**）和7月3日的低點107.553（**圖中④**），似乎都受到107.500關卡的影響而沒有繼續下跌。由此可以推測107.500附近存在買方勢力。

此時市場上正在謠傳，在107.500的關卡存在40億到50億美元的期權。107.500是一個漂亮的整數，再加上有期權存在，價格很容易受阻，導致大家都集中把單掛在這個位置。

上述這種掛在整數關卡上的隱藏訂單，會影響所有週期的價格。因此，請預設**市場在000或是500等整數價格附近存在看不見的阻力區間。尤其對短週期線圖來說，因為獲利空間很窄，更需要警戒市場在靠近這些關卡時容易產生反方向的變化。**

我在推特（現改名為X，@maru3rd）上也經常發推文提醒大家要

圖11. 關於美元／日圓價格走勢的推文

田向宏行 @maru3rd · 4月15日

美元／日圓在112日圓附近的攻防。價格在112.13附近意識到3/5的高點，恐怕也有關注美日貿易協議的基本盤存在，或許也有期權勢力。若價格突破3/5的高點，月線也會同時突破新高，後續可能會漲到114日圓附近。應留意本週能否突破3月的高點。

♡　　♡ 11　　♡ 63

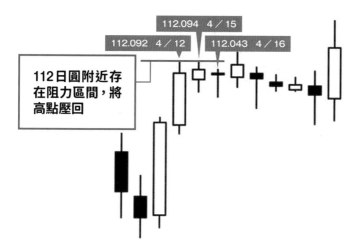

圖12. 美元／日圓的實際價格走勢

〈美元／日圓　日線　2019年4月〉

112.094　4／15

112.092　4／12

112.043　4／16

112日圓附近存在阻力區間，將高點壓回

留意這類關卡。例如這則2019年4月15日的推文（**圖11**）。前一週星期五的高點是112.092，剛好在112日圓附近，加上週一4月15日的高點也跟上週五幾乎相同，停在112.094。由於市場無法突破這個關卡，因此我發推文提醒大家要注意112日圓附近的阻力區間。

　　在圖表上檢查同一時期的價格變化，如**圖12**美元／日圓的日線圖所示，這不只是單純的高點被壓回漲不上去，而是112日圓的關卡與日線圖的高點排在同一條線上，所以我才會推斷這裡存在一道隱形的阻力區間。

　　由此可知，在整數價格附近很容易形成看不見的阻力區間，導致市場在幾乎相同的位置形成高點或低點。

或許不是日線，而是週線在動

尋找推動市場的週期

≫ 決定立足點，不被市場牽著鼻子走

之前說明過，在不同週期下，箱型的高低點以及支撐線和抵抗線的強度與意義也有所不同。本節我們來分析背後的原因。

推動市場的因素有很多，同時市場上也存在很多不同類型的交易者。**如果你以為坐在螢幕另一側的一定是跟你我一樣的散戶投資者，那就大錯特錯了。**除了散戶投資者之外，市場上還存在操控著外行人難以想像的巨額資金的大戶，以及使用對散戶來說長到讓人暈倒的週期進行交易的人。

外匯市場是全球資金聚集的地方，遠比我們這些外行人想像得更複雜。正因為如此，我們更有必要**選定自己的週期，也就是觀察市場的立足點，才不會被市場弄得暈頭轉向。**

如果沒有選好立足點，很容易就會被市場牽著鼻子走。而一旦決定了自己的位置，接下來便是利用選好的週期來分析市場會如何變動。

≫ 本以為是上升趨勢，結果卻下跌……

若市場處於趨勢行情，理論上應該會不斷突破新高或跌破新低。因為趨勢就是市場連續朝同一方向發生箱型突破。

然而，有時趨勢也會中斷。像是本以為會突破高點，結果漲到一半就失速，最終跌破轉換點一路下跌；但就在你以為要轉換到下跌趨勢

時，市場又突然回頭跨過轉折點，反轉上揚。在道氏理論中，這也是最難處理的情況。外匯市場的一大特徵，便是趨勢一旦出現，價格就很容易一面倒。然而，如果在風向不明的環境中固守自己的立足點，反而有可能被「反覆打臉」。雖然找到趨勢再進場交易是外匯保證金投資的王道，但若沒有用對線圖週期就無法找到趨勢。

在遇到道氏理論不管用、令人不知所措的情況時，有個訣竅是換成其他週期來分析圖表。如果發現自己使用的線圖週期中明明出現了趨勢，但趨勢卻維持不久，便要思考市場在長週期下正處於箱型整理的可能性。改變週期就是改變視角。在市場分析中，有時也需要這種靈活的思考方式。

第80頁的**圖13**是2018年2月到8月的澳幣／日圓的日線圖。

價格在碰到3月5日的低點前皆是下跌趨勢，但在3月13日升破了轉換點，也就是2月27日的高點後，日線圖的風向就變得不明朗。本以為價格會突破箱型的高點，結果下一個箱型馬上就跌破了轉換點，風向非常混亂。

相信不用我說，各位也看得出來，市場要轉入上升趨勢就絕對不能跌破這個轉換點（3月7日的低點）。換句話說，這個週期（日線）上的市場沒有明確的風向。

風向不明的狀態就是所謂的箱型整理，當遇到這種狀況時，**我們便要想到或許是自己使用的週期不符合當前的市場，市場在更長的週期中可能正處於箱型整理的階段**。如果能在早期階段想到這一點，就可以減少無用的交易，保留資金。另外，這張**圖13**嚴格來說其實存在更多箱型，但因為本節的重點不是箱型，所以這裡省略了其中幾個。

圖14是將前面**圖13**的日線圖週期拉長成週線後的圖表，顯示的時期幾乎完全一樣。此時，我們可以看到週線圖上存在一個高點在3月13日，低點在3月23日的箱型。因為市場正處於週線的箱型內，所以日線才會沒有方向感地上下搖擺。換句話說，在這段期間，主導澳幣／日圓價格的不是日線，而是週線。

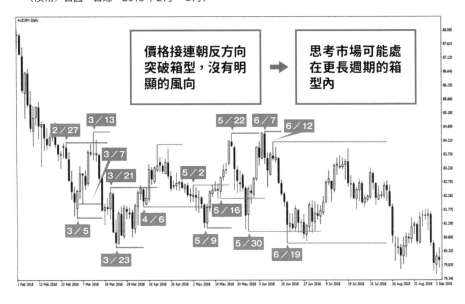

圖13. 風向不明的日線圖

〈澳幣／日圓　日線　2018年2月～8月〉

雖然根據理論，日線在突破2月27日的高點便轉換到上升趨勢，但若在此時進場做多，就會在價格跌破3月7日的低點時觸發停損；而若在轉跌時做空，又會在價格漲破3月21日的高點時觸發停損。在這2個觸發停損的時間點，就必須去檢查週線圖的動態。

另外，**在這個週線的箱型中，我們可以採取在箱型頂部做空，在箱型底部做多的策略。這是使用週線的強力阻力區間，採取逆勢操作的戰略**。這個策略唯有明確認識到阻力區間的位置才能使用，前面**第2章**的**圖15**（參照第61頁）中，②和③畫的便是這個策略。

此外，這裡再補充一個細節。

若檢查本書使用的YJFX！（現：外貨ex byGMO）圖表同期間的線圖，便會發現價格其實曾短暫突破3月13日的高點（84.518），即6月7日的高點（84.530）。雖然只有一瞬間，但價格確實超出了箱型頂部1.2pips。然而，因為這裡的貨幣對是澳幣／日圓，所以從流動性的角

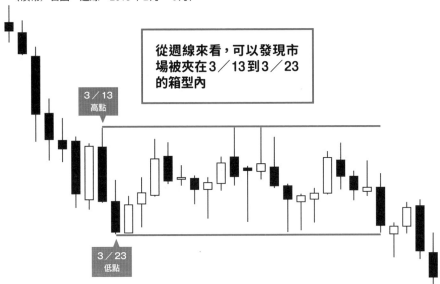

圖14. 更長週期的週線圖

〈澳幣／日圓　週線　2018年2月～9月〉

從週線來看，可以發現市場被夾在3／13到3／23的箱型內

3／13
高點

3／23
低點

度來看，也可以認為這點差距仍在3月13日的箱型範圍內。

　　如果要在3月13日的高點上方設定買單，在箱型突破時建立多頭倉位，考慮到點差和阻力區間的厚度，通常會設在高點上方數pips的位置，所以6月7日的高點應該是不會觸發買單。

找時機不要用橫軸，而要用縱軸

交易時機
會決定損益

》交易時機指的是什麼？

在外匯保證金交易中，在哪個時機建倉，在哪個時機平倉，決定了最後的損益。換句話說，外匯投資其實就只是「在哪裡進場，在哪裡出場」的問題罷了。

那麼，這裡的交易時機又是指什麼呢？「時機」這2個字很容易令人聯想到「時間」，但在市場上，時機指的並不是時間。看到這裡的讀者應該都已經充分理解，對於追蹤價格變動的金融交易，「時機」指的其實是「價格」。問題不是「何時」交易，而是用「多少錢」交易。

技術線圖的縱軸代表價格，橫軸表示時間。如果時機的意義指的是指縱軸的價格，那麼為什麼會產生時機的差異呢？

很大的一個原因是週期。1根日K線可以分解成24根1小時線。拆成15分線則是96根。原本只能看出高點和低點的日線，在拆解成24根1小時線後，便能看見一天中的價格峰谷。而15分線就更細了。

像這樣改變週期，即可看見單根K線中更細小的價格波動，而交易的時機也會隨著發生改變。

圖15是紐幣／日圓（NZDJPY）在2019年6月的日線圖。圖中日線的價格正處於6月10日的高點72.250和6月18日的低點70.268夾成的箱型內。若使用日線圖操作，那麼這個箱型的頂部阻力區間和底部阻力區間便是進場交易的時機。

然而，這麼一來就必須靜候交易時機到來。

因此，讓我們放大圖中箭頭標出的6月24日的K線。把這一天的

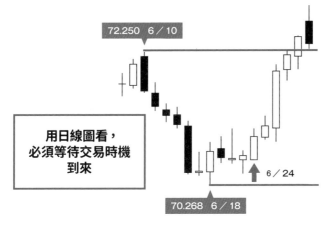

圖15. 日線圖上的紐幣／日圓

〈紐幣／日圓　日線　2019年6月～7月〉

72.250　6／10

用日線圖看，
必須等待交易時機
到來

6／24

70.268　6／18

圖16. 1小時線圖上的紐幣／日圓

〈紐幣／日圓　1小時線　2019年6月24日〉

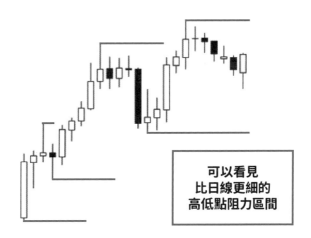

可以看見
比日線更細的
高低點阻力區間

價格變化換成1小時線後，就如**圖16**所示。

　　換成**圖16**的1小時線圖後，由於原本只有1根的日K線被拆成了
24根，因此可以看得更細，也能看見更多的高點和低點。此時，這些
高低點形成的阻力區間便可作為進場交易的時機。

圖17. 15分線圖上的紐幣／日圓（一部分）

〈紐幣／日圓　15分線　2019年6月24日〉

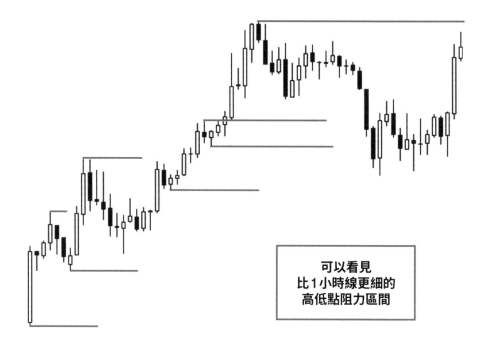

可以看見
比1小時線更細的
高低點阻力區間

　　接著，我們再把6月24日的價格變化換成15分線圖，結果如**圖17**
所示。另外，因為版面的限制，這裡沒有列出完整的96根K線。由於
15分線比1小時線更細，因此可以看到更多的高低點。由此可見，在
不同週期下，箱型的範圍也不相同，因此交易時機也不一樣。所以**外匯
交易的時機不在圖表的橫軸上，而是在縱軸的價格變化上**。而**時機的差
異來自於圖表週期的差異**，相信至此各位應該已經充分理解了。因此，
掌握本書前面一直講解的「切換週期來改變視角的方法」，對於外匯投
資非常重要。

縮短週期增加進場機會

箱型很大時
要尋找小阻力區間

≫ 當箱型範圍太大時，可嘗試縮短圖表週期

　　首先請看第86頁的**圖18**。這張圖是美元／日圓的日線圖，時間是2018年12月到2019年3月。

　　在這段期間，美元／日圓的日線箱型大小約為6.50日圓。因此，如果要等待日線圖發生箱型突破再進場，得等上非常久的時間。

　　實際上，這個始於2019年1月3日、6.5日圓大小的箱型，總共維持了2個月之久，直到2月28日才突破了高點。畢竟美元／日圓全年的價格波動大概也就10日圓左右，因此6.5日圓的箱型算是範圍非常大的箱型。

　　雖然這段時間的價格走勢有一部分是受到1月3日市場閃崩後陷入膠著狀態的影響，但通常箱型的範圍愈大，就需要等待愈長的時間才能突破。而箱型愈大、等待時間愈長，理所當然進場的機會也就愈少。當然，此時我們完全可以根據日線圖掛出條件單，然後靜靜地等待價格突破箱型。不過，如果縮短線圖週期的話，便會發現即使是在這個6日圓大小的箱型中，也可以利用數日圓的價差來套利。換句話說，**如果懂得根據市場狀態靈活地運用不同週期來分析圖表，就可以增加進場交易的機會**。

　　例如第86頁的**圖19**，這張圖是2019日1月7日的15分線圖。當天的價格仍處於6日圓大小的箱型中，但我們把日線拆成了96根15分

圖18. 市場在大範圍箱型中長期膠著

〈美元／日圓 日線 2018年12月～2019年3月〉

2／28

高點：111.407 12／26

高點：109.997 1／23

低點：108.498 1／31

箱型範圍大，等待時間很長

箱型
（約6.50日圓）

低點：104.837 1／3

圖19. 15分線圖上的4個交易時機

〈美元／日圓 15分線 2019年1月7日〉

D

A～D的4個交易時機皆顯示出市場正陷入迷走

A

B C

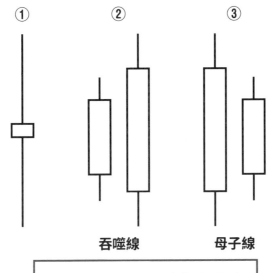

圖20. 顯示市場迷走的K線線形

① ② ③

吞噬線　　　母子線

當價格升破或是跌破這幾種K線時
便是進場時機

線。即便日線圖上的價格仍處於箱型整理期，但將K線放大後，便能發現A、B、C、D這4個交易時機。同時，若仔細觀察線圖，便會發現這幾根K線的形狀都很類似。尤其A、B、C幾乎長得一模一樣。而D雖然有點不同，但這4根K線都代表市場正處於迷走狀態。

我在前作《看懂線圖，新手也能輕鬆賺外匯》中講解市場變化的型態時，介紹了4種可以用2根K線預測走勢的線形，而這幾根K線便是代表市場陷入迷走的線形（**圖20**）。

①便是剛剛**圖19**中的A、B、C。②和③是前作中也有介紹的4種價格變動基本型態的其中2種。在酒田五法裡，②稱為「吞噬線」，③稱為「母子線」。

另外，雖然這張圖中全都是陽線，但不論陰線還是陽線都沒有太大差異。重點是這根K線的最高價和最低價顯示了市場正在迷走。當出現這種K線時，即便在短週期線圖上價格也會上下迷走，因此我們可以

在價格往上或是往下突破這根K線時進場，同時在K線的另一側設定停損。換句話說，當遇到這類代表市場迷走的K線時，操作方式就跟箱型一樣。

在第86頁**圖19**的美元／日圓15分線圖中，A、B、C、D各自的高低點價差約為20pips，因此按照上述方法進行操作時，最多只會虧損20pips～25pips。同時在市場動起來後，也需要留意是否形成趨勢。

不過，只有B不太一樣，因為C的低點稍微跌破了B的低點，因此在某些操作方式下有可能會觸發停損。然而在現實市場中常常發生這種事，所以請預先假定自己一定會承受部分這類虧損，堅持執行獲利機率高的操作方式，這才是外匯投資的正道。

≫ 市場在5分線圖上也會按照相同的理論變化

另外再介紹一個市場在更短週期線圖中迷走的例子。市場的分析邏輯在所有週期下都是相同的。**圖21**是歐元／英鎊的5分線圖，時間是2018年11月14日到15日。

圖21內的箭頭A所標示的，便是第87頁**圖20**中①的K線線形。同時，箭頭B的大陰線和緊接之後的陽線則是③的母子線。因為是5分線，所以價格波動很微小，大概只有5pips～10pips左右，而且有時會受到其他週期的走勢影響，出現如箭頭C所標示的這種巨大（大約在25pips左右）突波。

若依循價格變化的基本原理來分析圖表，我們也可以選擇在這幾個時間點進場交易。然而，想用這種短週期線圖進行操作，對於投資者的技術學習等級有一定的要求。

對於還不能精準在日線圖中找出高點和低點的人，應該先只用日線圖進行操作。如果連用市場變化和緩的日線圖都無法精準判斷交易時機，是不可能分析瞬息萬變的市場環境的。**請先把日線圖的分析練熟，等到能靈活運用日線圖後，再嘗試切換成其他週期的線圖。**

圖21. **市場在短週期線圖上迷走的例子**

〈歐元／英鎊　5分線　2018年11月14日～15日〉

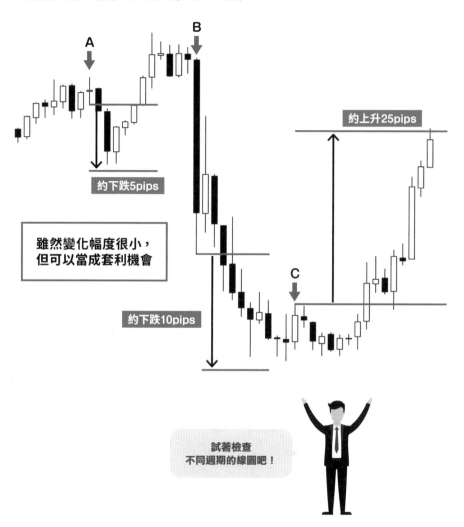

A

B

約上升25pips

約下跌5pips

雖然變化幅度很小，
但可以當成套利機會

C

約下跌10pips

試著檢查
不同週期的線圖吧！

錯過行情時安全補進場的方法

趨勢途中的
進場點

≫ 如果錯過行情，就縮短線圖週期尋找進場點

只要決定好自己要使用的線圖週期，照理說應該就能正確在價格突破箱型阻力區間此一進場時機掛好條件單。如此一來就不用盯著下單軟體，只須事先建立策略就能套利。

然而，我們不見得能及時在所有貨幣對都掛好訂單。或者也有可能在下單之前，價格就突然突破了箱型。遇到這種情況時該如何應對，找到安全穩當的補票時機，也是外匯投資人要面對的一大課題。

這種時候，請縮短線圖的週期。

我們**可以利用市場在長週期下處於趨勢中，在短週期下卻處於箱型整理的情況**來補進場。

有時雖然市場在我們當成基準的線圖週期中已經是趨勢中段，但在更短週期的線圖上，卻可能正值短暫的箱型整理期。只要存在箱型，就能找到市場的阻力區間，在價格突破箱型的時候進場，並在箱型阻力區間的反方向設定停損點來控制虧損風險。

不過，由於此時在長週期線圖，也就是我們原本使用的週期中已經出現趨勢，因此只能順著這個趨勢的方向進場。因為此時不必考慮市場風向轉換的可能性。例如日線圖上發生箱型突破，進入了上升趨勢，此時價格往上走的可能性很高。因此我們可以切換到1小時線圖或15分線圖尋找小箱型，並只在向上突破箱型處布局。

這麼一來，即便市場沒有上漲而是下跌，由於我們是在短週期線

圖上操作，因此損失相對有限；相反地若市場繼續上升，就能在錯過最佳進場點後順利補票上車，建立多頭倉位。

沒有人知道市場未來會如何變化，然而我剛才卻說，沒有必要防範短週期線圖上發生反方向箱型突破的情況，這是為什麼呢？

就算短週期上的市場朝反方向移動，也是逆著大趨勢前進。因為長週期線圖上的走勢，影響力比短週期更強。換句話說，逆勢而行的倉位成長為大倉位的可能性很低。所以這裡不需要考慮風向的轉換。

》即便在趨勢行情中也不錯過機會

作為示範，下面我們來看看2019年4月到6月間英鎊／日圓的走勢。英鎊／日圓在5月3日的高點146.500至6月4日的低點136.561這段期間，在1個月內下跌了10日圓，是一個下跌趨勢。這波巨大的下跌趨勢符合道氏理論，因此我們可以事先擬定交易策略。

4月25日我在推特上發布了以下的推文（**圖22**）。

當英鎊／日圓的價格在143日圓附近時，根據圖表分析，我判斷接下來有跌至133日圓的可能性。關於這波英鎊／日圓的走勢，我在4月26日西原電子郵件雜誌的補充資訊中有更詳細的說明（**圖23**）。這篇文章的內容簡單來說，就是「143.70附近存在很厚的阻力區間，若價格成功突破的話應該會有一波大行情」。

當時3月的低點143.70附近已經對市場形成超過2個月的支撐。2個月對市場而言是一段很長的時間，因此這附近已經形成很厚的阻力區

圖22. 關於英鎊／日圓價格走勢的推文

田向宏行 @maru3rd · 4月25日

英鎊／日圓已接近3月的低點＝143.729。如果跌破了此點，除非後續漲破3月的高點＝148.87，否則價格可能會下跌到1月閃崩時的低點133日圓附近。1月低點以來的這波反彈是否會在3月的高點結束，值得注目。

◯　　　⇄ 9　　　♡ 33　　　⬆　　　ıli

圖23. 關於英鎊／日圓價格走勢的電郵雜誌分析

寄件時間：2019-04-26 11:31:15
寄件人：田向宏行

英鎊／日圓的143.70日圓附近

英鎊／日圓在昨天跌到143.757。
這個143日圓後半的區域有2/22的低點＝143.786、3/11的低點＝143.729、
3/29的低點＝143.832，是重要的市場分歧點。

由於3月的低點是3/11＝143.729，如果價格跌破了此點，代表4月的價格
不只無法突破3月的高點，甚至還跌破了3月的低點，GBPJPY下跌的可能
性很高。

（以下省略）

間。但正是因為如此，若這個阻力區間被突破的話，理論上市場會大幅
下跌，而且實際上也確實產生了下跌趨勢。

之後，英鎊／日圓的價格如**圖24**的日線圖所示，在5月8日連續
跌破了4月25日的低點143.757和3月11日的低點143.729。換句話
說，當天跌破了143.70附近這個支撐市場價格將近2個月的阻力區間
（請注意「附近」一詞，因為這是低點的抵抗帶而非抵抗線）。因此英
鎊／日圓在突破了這道巨大的阻力區間之後，便一路下跌到了6月的
136.561。

此時，了解道氏理論的投資者操作的期權部位應該會在143.70附
近掛空單。因為這麼一來，不論市場何時跌破143.70的阻力區間，都
能自動建立空頭倉位，就算不一直盯著市場也不會錯過這個巨大的套利
機會。

然而，只要是人就一定會有看漏的時候，所以一定也有不小心沒
掛到訂單的人。如果錯過了這個進場時機，後面要再追低就會讓人有點
猶豫。因為很多人都有過這樣的經歷：市場大漲大跌後想追高追低，結
果市場卻突然反彈，剛好賣在底部或買在天花板。尤其「英鎊」相關的

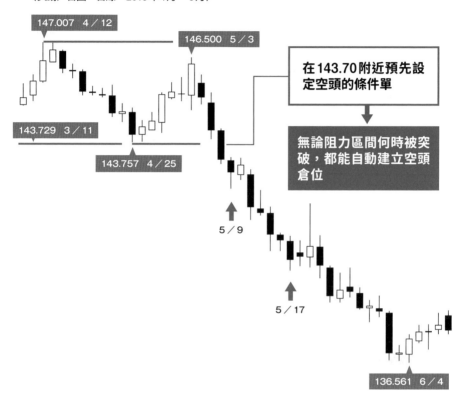

圖24. 錯過時機時的進場點

〈英鎊／日圓 日線 2019年4月～6月〉

147.007 4／12

146.500 5／3

在143.70附近預先設定空頭的條件單

143.729 3／11

143.757 4／25

無論阻力區間何時被突破，都能自動建立空頭倉位

5／9

5／17

136.561 6／4

貨幣對，在外匯投資界更有「殺人貨幣」的別名。

》如何在趨勢途中進場

下面我們用5月9日和5月17日這2個範例來講解在趨勢途中進場的時機。另外，雖然這裡用2個點當作例子，但只要是在同一個下跌段內，任何位置都可以用相同的方法計算進場時機。

首先來思考如何在價格跌破巨大的阻力區間143.70附近的一天之後，也就是5月9日，利用1小時線尋找進場時機（第94頁**圖25**）。

圖25. 突破發生後一天才進場的位置

〈英鎊／日圓　1小時線　2019年5月8日～9日〉

①高點：144.185

③143.951

④143.815

143.70

②低點：143.042

　　　前一天5月8日的高點＝144.185（**圖中①**），低點＝143.042（**圖中②**）。換句話說，在5月9日看盤的時候，如果市價還未跌破前一天的低點，那麼只須在143.042這個低點的下方設置條件單，便能順利搭上這波下跌趨勢。因為只要價格在日線圖上繼續跌破低點，下跌趨勢便會持續下去。

　　　在這個跌破前一天低點的位置進場，會比最佳進場時機晚一天，位置則比箱型的底部143.70低約70pips。

　　　在建立交易策略時，停損的位置非常重要。

　　　觀察1小時線圖，可以在前一天的高點＝144.185和前一天的低點＝143.042之間找到143.951（**圖中③**）和143.815（**圖中④**）2個高點。如此一來，我們便可以將停損點設定在143.815、143.951，或是前一天的高點144.185這3點之一的上方。也就是在前一天的低點143.042進場時的IFD。

此時別忘記我們使用的線圖週期是1小時線。當線圖週期很短時，決策的速度也必須加快。

雖然前面列出了3個可以作為停損點候選的高點，但為了能更迅速地下單，請先在最遠的位置，也就是前一天的高點144.185的上方設定IFD訂單。這麼做的話，當市場往下走時就能馬上建立倉位，停損也有一定的保障。

換句話說，**如果錯過了趨勢的起點，就先在前一天的低點和前一天的高點掛上補進場的訂單。**

之後如果空頭倉位順利建倉，亦即價格順利跌破前一天的低點，就依照道氏理論將停損點移動到最鄰近的高點。如此一來，雖然錯過了日線圖的大波走勢，但還是能用1小時線把風險壓在最低。

那麼，接著再來看看，萬一價格已經跌破前一天的低點143.042的話該怎麼辦（**圖26**）。

在第96頁**圖26**中A的時間點，由於前一根的1小時K線已經跌破前一天的低點143.042（**圖中⑤**），因此這根線的最低價就是最近的低點，當價格跌破這個低點時就是進場時機。由於最近的高點是143.246（**圖中⑥**），因此停損點設定在這上方。

那麼，如果我們更晚才看盤，到了B點才開始呢？

此時最近的低點是142.236（**圖中⑦**），從事後諸葛的角度來看，這個價格是5月9日的最低點。然而，因為在B的時間點5月9日尚未結束，所以5月9日的暫定高點＝143.246，暫定低點＝142.236，只能知道B仍在5月9日的高低點範圍（箱型）內。

這裡要注意的是，由於我們的策略是做空，因此雖然低點無疑是142.236，但高點卻不一定是143.246。之後，英鎊／日圓也有可能上漲，並漲破5月9日的高點。所以這裡不應該用暫定的高點，而應該用確定的高點，也就是將前一天5月8日的高點當成箱型的頂部。如此一來，由於多空趨勢是在價格跌破143.70附近後才確定往下，因此空頭

圖26. 已跌破前一天低點的情況（5月9日的例子）

〈英鎊／日圓　1小時線　2019年5月8日～14日〉

⑧144.185　5／8

⑥143.246　5／9

143.178

143.233

⑨142.863　5／13

⑤143.042　5／8

A

B

⑦142.236　5／9

的訂單應該掛在142.236下方，而IDF的停損單應該先掛在前一天的高點144.185（**圖中**⑧）。

　　之後，按照平常的理論，價格在5月13日跌破142.236的箱型底部之後，空頭倉位便自動建立，此時就可以將停損點移動到最近的高點142.863（**圖中**⑨）的上方。

　　接著再來思考5月17日的進場案例。

　　第98頁的**圖27**是5月17日前後的1小時線圖。這裡也跟前面一樣，在5月17日第一次看盤的時候，如果價格尚未跌破前一天的低點140.206的話，便在前一天的低點下方設定空單。停損點則在前一天的高點140.786上方。

　　而若看盤時價格已經跌破前一天的低點，就在價格跌破新低點後的位置設定空單，以便價格跌破時自動建立倉位。換句話說，請將訂單掛在跌破前一天低點的最新低點下方。但由於這時高點的位置仍未確定，因此停損單請掛在目前已經確定的高點，即前一天的高點140.786的上方。

　　然後等空頭倉位建立後，我們就可以把停損點移動到1小時線的最近高點。但依進場時機的差異，這個停損單可能會在5月20日價格碰到高點的過程中被執行，觸發停損。

　　另外，即便在5月20日的高點幸運避開停損，也肯定會在5月21日的大漲中被停損。這是無可奈何的結果。

　　在外匯市場上，即使完全按照規則和理論行事，也還是會遇到預期外的停損，此時只能摸摸鼻子自認倒霉，因為這也是市場的性質。

　　然而，如果恰巧把空頭訂單設定在5月17日的低點下方，那這個空單將不會被執行，要一直等到5月22日才會建倉，之後就如第93頁圖24的日線圖所示，價格一路跌到6月4日的低點136.5日圓，可以賺到大約3日圓的價差。

圖27. **預期外的停損**

〈英鎊／日圓　1小時線　2019年5月16日～22日〉

141.733　5／21

140.786　5／16

140.677　5／17

140.524　5／20

140.302　5／17

140.206　5／16

139.653　5／21

139.551　5／17

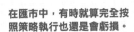

在匯市中，有時就算完全按
照策略執行也還是會虧損。

CHECK POINT

①即便是在趨勢途中，
　仍可在短週期上尋找箱型進場
②若錯過了趨勢起點，就把訂單掛在
　前一天的低點和前一天的高點

箱型突破後又回彈

讓你賠錢的陷阱
是如何運作的？

≫ 關鍵在於是否觸發相反勢力的停損

　　道氏理論的基本邏輯如同本書前面的講解，便是找出市場的阻力區間，然後在這些阻力區間被突破的時間點進場交易。

　　在箱型突破中，買賣雙方勢力的均衡會被打破。這將導致市場朝特定方向移動，因此很容易產生趨勢。

　　然而，有時市場在箱型突破發生後並沒有產生趨勢，反而掉頭向反方向移動。最壞的情況甚至會變成牛市陷阱或熊市陷阱，害投資人慘賠。相信不少人都想要解決這個問題。

　　市場會在發生箱型突破時產生變動，主要是因為買賣雙方勢力的均衡被打破，而當箱型的邊緣附近存在停損單時，市場的波動又會變得更劇烈。

　　舉例來說，當箱型的頂部存在阻力區間時，構成這個阻力區間的高點上方，如**圖28**所示，通常會有新的多頭買單和空頭平倉的買單在等待（參照**第2章圖15**）。因為箱型內的買方勢力勝過賣方，所以就發

圖28. 箱型突破後上漲的機制

多頭　　　空頭停損
（買進）

阻力區間

圖29. 箱型突破後，上升力道減弱的原理

賣出 買進

賣出

賣出

阻力區間

生了箱型突破；此時若賣方勢力在阻力區間的上方設定了停損單，買賣雙方的買單都會在這裡被執行，使價格強力上揚。

然而，如果賣方沒有在此處停損，即便發生箱型突破，上揚的力道也不會很強。例如**圖29**，這張圖便是多數賣方都堅信市場會強力下跌，認為就算價格突破這個阻力區間，下跌的大趨勢也不會改變時的情況。在這種情況下，阻力區間的上方沒有太多空頭停損的買單。而且即使價格上揚了，阻力區間的上方還是存在很強大的賣方勢力。由於他們會趁價格上漲時進場做空，因此價格很難繼續往上漲。如此一來，市場即便發生箱型突破也漲不太上去。這便稱為**陷阱**。

在上述情況中，因為是向上突破箱型失敗，所以屬於牛市陷阱。

2019年4月美元／日圓的走勢（**圖30**），便是一個被《經濟學人》雜誌當成牛市陷阱介紹的範例。當時美元／日圓的價格在3月5日碰到112.135的高點，後來在4月17日突破新高，又在4月24日漲到112.398，然而之後卻開始下跌。

不過，相信各位聰明的讀者在看到這張圖表後，應該已經注意到了吧。說起來，美元／日圓在日線圖上根本不是上升趨勢。價格在3月5日碰到高點之後，便轉頭跌破了跟這個高點夾成日線箱型的2月27日的低點110.355，之後又一路跌到109.708。換句話說，日線圖上的美元／日圓，此時並沒有明顯的風向。

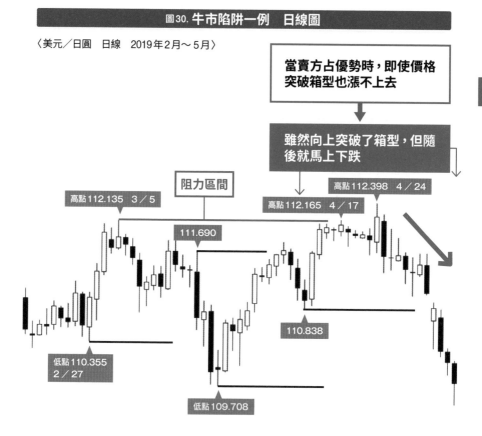

圖30. **牛市陷阱一例　日線圖**

〈美元／日圓　日線　2019年2月～5月〉

當賣方占優勢時，即使價格
突破箱型也漲不上去

雖然向上突破了箱型，但隨
後就馬上下跌

阻力區間

高點112.135　3／5

111.690

高點112.165　4／17

高點112.398　4／24

低點110.355
2／27

110.838

低點109.708

　　然而，看看同一時期的週線圖，也就是第102頁的**圖31**，可以發現價格在4月17日升破了2019年3月的高點112.135，來到112.165。然後在隔週的4月24日又漲到了112.398，但之後漲勢未能持續，開始往下跌。

　　從3月的高點112.135到4月的高點112.398，價格一共只上揚了26.3pips，明明突破了箱型卻還是被壓回，可視為典型的牛市陷阱。

　　然而如果仔細檢查線圖，便會發現美元／日圓的週線走勢就如第103頁的**圖32**所示，都在2018年11月28日的高點114.034和2019年1月3日閃崩後的104.837所夾成的箱型範圍內。

　　也就是說，剛才的**圖31**並未依照理論，純粹是把箱型內的價格變化單獨取出來放大而已，沒有什麼意義。

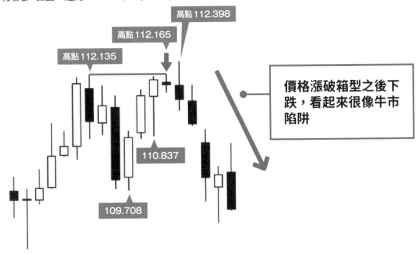

圖31. **牛市陷阱一例　週線圖**

〈美元／日圓　週線　2019年1月～3月〉

高點112.398

高點112.165

高點112.135

110.837

109.708

價格漲破箱型之後下跌，看起來很像牛市陷阱

　　這裡先稍微離題一下。證券公司和經濟學家在使用圖表解釋市場時，也會像這樣單獨取出一部分的價格變化來佐證自己的說法，增加說服力。所以學習圖表分析技術，讓自己有能力判斷他們說的是不是事實非常重要。

　　因此，如果依照道氏理論重新分析這個週線圖的箱型，便會發現前面進場時的112日圓其實已經很靠近箱型的頂部114.034，上方開始出現賣壓。

　　114日圓是週線箱型的頂部，意味著這裡有一道很大的阻力區間。此外，雖然這裡並沒有列出，但月線圖上自2017年5月以來的1年半間，價格已多次突破114日圓的高點失利，顯示114日圓這個位置有一道既厚且強的阻力區間。

　　於是，已從這張圖表看見事實的人，都會在113日圓附近掛出空單，至於想比其他人更早布局的投資者則可以掛在112日圓。月線有時會一次波動10日圓以上，而這個週線的箱型範圍也將近10日圓。

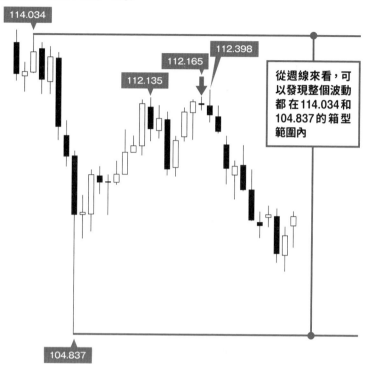

圖32. **牛市陷阱一例 週線圖（長範圍）**

〈美元／日圓 週線 2018年11月～3月〉

114.034

112.398

112.165

112.135

從週線來看，可以發現整個波動都在114.034和104.837的箱型範圍內

104.837

有能力解讀圖表的人，全都知道多頭勢力會在112.135和112.165的日線阻力區間啟動。而多頭進場後，便會在下方掛出停損的賣單。因此，空頭只要在多頭進場，價格稍微上漲後的位置掛出賣單，就能利用多頭的停損單加強賣壓，令價格更容易一口氣下跌。

另外，對於看月線圖或週線圖操作的空頭，當價格距離箱型的頂部只剩2日圓左右時，便是進場做空，利用到箱型底部的5～7日圓價差套利的時機。112日圓或113日圓是很好的布局位置。

諸如此類的市場心理，只能透過分析圖表想像空頭和多頭的潛在獲利機會，再觀察現實的走勢來推測。而要做到這點，就必須**懂得切換線圖週期，找出對賣方和買方有利的時機**。

一如本章的介紹，**養成比對多種線圖週期，以綜合的角度分析市場的習慣**，便能提高獲利機率。

　　至於市場陷阱的部分，因為對投資的獲利非常重要，所以我們會在第5章重新講解。

請留意市場的
阻力區間。

CHECK POINT

①即使價格向上突破箱型，如果上方賣壓很強的話
　依然會下跌，變成牛市陷阱
②請比對多種不同的線圖週期，找出
　買賣雙方各自有利的時機

第4章

用技術指標
補強道氏理論

瞄準
比道氏理論
更大的利益。

在道氏理論加入週期視角建立策略

別等箱型突破，
在箱型裡面也能獲利

》等待箱型突破後才建倉的道氏理論

如同在第1章稍微提到的，若是能搶在箱型突破前進場，只要風向預測正確，就能縮小風險、放大獲利。

箱型整理是買賣雙方拮抗的狀態。因此在箱型內部，我們無法確定市場會往哪個方向走。

箱型內風向不確定這點，對於趨勢內的箱型也一樣。由於趨勢就是市場連續朝同一方向突破箱型的狀態，因此可以推測市場未來延續相同走勢的可能性很高。

然而，**市場的風向一定會改變。由於箱型整理就是買賣雙方互有勝負的場面，因此箱型內部永遠存在風向轉換的可能性**。所以也會產生轉換點。換句話說，箱型內的風向永遠是不確定的。

箱型內部之所以經常發生「本以為會突破高點，結果卻在做多後轉跌」；或是「本以為會跌破低點，結果卻在做空後反漲」，就是因為這個緣故。

出於這個理由，道氏理論主張投資人不應該在箱型內交易，而應等待箱型突破，買賣雙方的勢力關係確定後再進場。

換句話說，**道氏理論無法預測今後市場會朝哪個方向移動**。這就是為什麼我在前面說，沒有人知道市場未來的走向。我們只能服從市場

勢力平衡崩潰的「事實」，以及代表此的價格變化這項「事實」，跟著市場突破箱型的方向進場。

≫ 切換週期確認價格變化的方向

道氏理論誕生的19世紀末，當然還沒有電腦與智慧型手機這些東西。換句話說，當時無法像現在這樣輕鬆地打開圖表，切換不同的線圖週期。當時的價格圖都是用手繪製，並使用日線或週線，只能看到前一天或前一週的價格。而且圖表也無法即時反映當天的價格變化。這便是道氏理論誕生的環境，請記住這個時代背景。

在這樣的時空背景之下問世的道氏理論，並不存在切換週期的概念。就算真的想這麼做，在技術面上也很難做到。所以當時道氏理論基本上只能使用日線圖進行分析。

此外，當時也還沒有發明其他的技術指標。在沒有電子計算機的時代，要進行複雜的計算很不容易。就連計算簡單移動平均線也十分麻煩。現在常用的技術指標都是在1960年代之後才問世，尤其在1980年代前後函數計算機和程式計算機登場後，才開始如雨後春筍般增加。

回到現代，如今的看盤軟體都能輕鬆切換線圖週期，這是道氏理論誕生當時做不到的事情。現在我們都把切換線圖週期視為理所當然的功能，但我們所使用的這些技術指標，發明當時應該都沒有考慮過切換週期這件事。因為當時的技術很難做到。關於這方面，作為現代使用者的我們很容易感到困惑。

身處現代的我們在加入不同週期的視角後，可以想出更縝密的策略。雖然在道氏理論發明的年代，當時的人應該沒有思考價格變化的方向，但**若運用現代技術，便能一定程度地推測市場的風向，繼而找出有利的交易時機**。

加入週期的視角之後，便能在更長的週期上確認價格的方向，然

後再切換到自己主要使用的週期上尋找進場時機,以此作為交易的基本策略。

　　請回想一下第2章介紹的週期與價格變化的關係。第2章的內容指出,即使在主要週期上是箱型整理,但若在更長週期的線圖上看得出風向,就代表主要週期上的價格有很高的機率會往相同方向移動。

　　尤其對利用槓桿交易的外匯保證金投資來說,順著趨勢交易非常重要,必須先找到市場的大風向。

||||||||||||||||||||||||||||| CHECK POINT |||||||||||||||||||||||||||||
如果更長週期的線圖上存在趨勢,
就能在一定程度上推測價格變化的方向,
即使在箱型整理時也能進場。

缺乏依據的交易容易產生重大虧損

尋找更有利的
進場時機

≫ 使用技術指標建立明確的判斷基準

本章是專為不滿足於道氏理論的箱型突破方法的人而寫，接下來會帶領各位思考如何找出更早、更有利的交易時機。

第110頁的**圖1**是第1章介紹的3個進場時機範例（**第1章圖3**，參照第15頁）的其中2個。另外，第1章介紹的不利的進場時機，即錯過箱型突破時的進場方法，我們已經在第2章講解過了。

那麼，我們一起來看看**圖1**。

A想要更早搶占先機，所以在箱型內的a點進場建倉。另一方面，B則遵從道氏理論，在箱型突破發生後的b點進場。

這裡的重點在於進場建倉的依據。**無法解釋交易的理由，就代表沒有明確的策略，當市場違背預期時便無法做出適當的應對**。無論是臨時起意的無謂停損，還是捨不得停損，都很容易導致重大虧損。我們使用技術分析的原因之一，就是要在心中建立不可動搖的判斷基準。

我們首先分析遵從道氏理論，利用箱型突破時進場的B手法。由於進場點b是基於道氏理論找出來的，因此做多的依據非常明確：發生箱型突破時代表買賣雙方的勢力關係倒向買方，所以這裡選擇做多，既簡單又合理。

那麼，沒有遵守道氏理論，搶先一步進場的A又如何呢？單從這張圖表來看，市場仍處於箱型內，沒有可以在a買進的明確依據。因為市場正值箱型整理期，代表買賣雙方的勢力強弱不明，有可能朝任何一方移動。

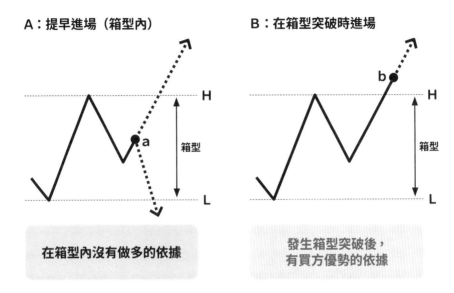

圖1. 進場的依據很重要

A：提早進場（箱型內）

箱型

H

a

箱型

L

在箱型內沒有做多的依據

B：在箱型突破時進場

b

H

箱型

L

發生箱型突破後，
有買方優勢的依據

　　如果硬要找出一個理由的話，大概是可以在箱型底部的L點下方設置停損點，因為虧損上限很明確，較便於管理資金吧。然而，這是單純基於資金管理面的判斷，並非對於價格變化方向的判斷。換句話說，這筆交易的邏輯就只是因為停損點很明確，所以出手買買看而已。

　　不過按照這個邏輯，我們也可以在a點做空。因為此時做空的停損點也很明確，就在箱型頂部的H點上方。

》 在箱型內同時掛多單和空單，其中一方必定會產生虧損

　　因為無法得知市場未來的走向，所以我們用A、B這2種方式，嘗試同時做多和做空。結果如**圖2**所示。各位可能會認為既然是同時做多和做空，那麼無論是在箱型內（A）進場，還是在箱型突破（B）時進場，應該都不會有什麼差別，然而實際的損益卻大不相同。由於道氏理論是在箱型突破（B）時進場，因此多單和空單只會有其中一邊成交，而且市場會朝箱型突破的方向移動。因為箱型被突破就代表市場出現風

圖2. 在箱型內外掛單的損益差異

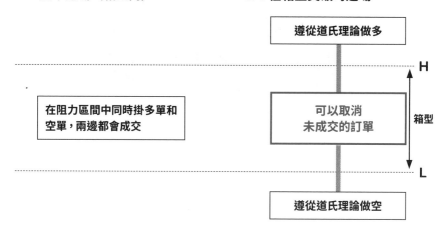

A：提早進場（箱型內）　　　　**B：在箱型突破時進場**

遵從道氏理論做多

在阻力區間中同時掛多單和空單，兩邊都會成交

可以取消
未成交的訂單

箱型

H

L

遵從道氏理論做空

向。此時我們是在阻力區間外側交易。由於市場已經出現風向，此時我們就可以取消另一個方向的訂單。

　　相反地，在箱型內同時掛多單和空單的話，因為兩邊都會成交，所以當箱型突破發生時，其中一個倉位必定會產生虧損。

　　在箱型內部建倉，**除非已在一定程度上預想到市場未來的走勢，同時只布局其中一個方向，否則在投資上是沒有任何意義的。**

了解價格變化的方向可以釐清風險

掌握價格變化的方向
要看長週期線圖

≫ 切換線圖週期掌握市場風向

我從前作開始就一再強調，**市場變動的原因只有一個。當賣方比
買方多，價格就會下跌；當買方比賣方多，價格就會上漲，僅此而已。**
所以從圖表分析得知現在誰是市場的多數派，對於獲利非常重要。

假如進場的時候沒有任何根據，那麼買賣外匯就只是押漲或押跌
的賭博。想要擺脫賭博行為、有策略地投資，並且**持續獲得利益，最重
要的是判斷市場風向的技術。**因此切換週期來改變視角對於外匯投資非
常重要。

而若知道前一章介紹的技巧——比較多個線圖週期來思考策略，
即便是在箱型整理期間便提早進場布局，也能有比較高的獲利機率，更
容易成功。

≫ 遵從自己使用的線圖週期

這裡來看**圖3**。在a的時間點除了能看見現在的箱型之外，也能在
更長週期的線圖上看見趨勢。由於長週期來看是上升趨勢，根據週期的
強弱關係，可知價格更容易往上走。如此一來，價格向上突破**圖3**箱型
H－L的可能性更高。因此**全球具有圖表分析基本知識的投資者，有較
高的機率在價格於箱型內下跌時趁機做多。**

順帶一提，此時做多的停損點是在箱型底部L的下方。因為這裡不

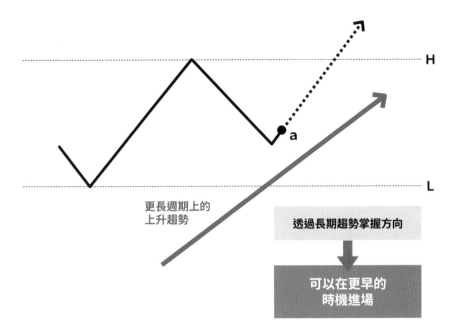

圖3. 以趨勢為依據進場

H

L

更長週期上的
上升趨勢

透過長期趨勢掌握方向

↓

可以在更早的
時機進場

a

是在價格跨過箱型頂部H的阻力區間時進場，而是用箱型的底部L當作
進場的判斷基準。

　　因為在更長週期的線圖中是上升趨勢，所以就算價格一時跌破了
L，也有可能不會繼續下跌。然而，如果在自己主要操作的週期上已經
跌破了L，就代表目前暫時是賣方優勢，不適合繼續維持多頭倉位。**就
算在長週期線圖上是上升趨勢，但那畢竟不是自己用來操作的週期，還
是應該遵從自己主要使用的週期。**

　　不過，這時停損點可以設定得比平常更寬鬆一點。因為對更長期
的投資者來說，在比短期多頭投資者的停損點更低一點的價位進場，對
他們會更有利。

≫逆著大趨勢交易的風險很高

另外，即便看到價格跌破了箱型的底部L，也絕對不可以進場做空。因為長期趨勢是往上走的。如果把跌破箱型的底部L當成做空的依據，就會變成逆勢操作。這是一種短期決勝負，風險很高的交易。

由上可見，只要掌握長週期上的價格變化方向，即便市場在短週期上處於箱型整理，也依舊可以找到交易時機。**因為只要知道價格變化的方向，就能利用箱型的阻力區間釐清風險在哪裡。**

始終依循
自己使用的
主要週期。

CHECK POINT

①切換線圖週期來判斷
　市場的大風向
②遵從自己當成立足點的週期
　進行交易

參考更長週期的風向來建立策略

在箱型內部
尋找交易時機

≫ 用技術指標判斷價格變化的方向

　　想知道長週期上的市場方向，最簡單的方法就是加入技術指標。尤其是道氏理論搭配俗稱趨勢系指標的技術指標一起使用，就能一邊參考更長週期的市場風向，一邊用道氏理論尋找進場交易的時機和建立停損策略。

　　結合道氏理論和技術指標看盤的方法，在拙作《一天看盤兩次，兼職外匯投資也能穩定獲利》中也有介紹。

　　那麼，本節我們就來分析一下，使用哪些技術指標有助於更精準地找出交易時機。這些技術指標也可以幫助我們在不同週期的線圖中尋找交易時機。

　　順勢操作的王道便是①**依循長週期的風向**，②**在短週期線圖上尋找進場時機**。因為長週期的價格走勢影響力更強，所以我們要一邊留意市場的大風向，一邊在短週期上尋找時機進場。

　　換句話說，我們應該用道氏理論或是技術指標判斷價格變化的方向，然後運用道氏理論尋找交易時機和管理資金。這麼做可以幫助我們在順勢操作時賺到長週期價格的價差，將虧損限縮在短週期價格的價差上，建立賠少賺多的策略（**圖4**）。而逆勢操作時，則可以瞄準市場暫時反彈或回檔的機會。而且知道是逆勢操作後，我們就不會為了追逐更高的利益而勉強增加風險。

　　此外，所有技術指標的計算基礎都來自市場的價格變動。換句話

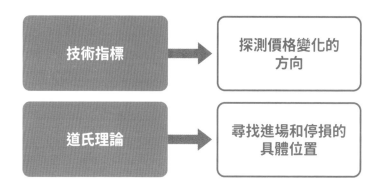

圖4. 併用技術指標和道氏理論來建立策略

| 技術指標 | → | 探測價格變化的方向 |
| 道氏理論 | → | 尋找進場和停損的具體位置 |

說，移動平均線、帝納波利、一目均衡表、MACD、布林通道、RSI、隨機指標、RCI等**所有技術指標都是用來補充價格變化分析的工具**。

　　了解這個基礎之後，就能在分析價格變化時看出技術指標的假訊號，在價格變化和技術指標不一致時產生懷疑，避免做出勉強的交易。

CHECK POINT

①順勢操作時可瞄準長週期價格的價差，
　並將虧損限縮在較小的範圍
②逆勢操作時要瞄準市場
　暫時反彈或回檔的時機

不要過度寄望技術指標

應該選擇哪個
技術指標？

》技術指標的參數不是魔法數字

想了解更長週期的趨勢時，併用道氏理論和技術指標可以更方便地建立交易策略。

然而開始使用技術指標後，很多人都會遇到一個煩惱，那就是不知道究竟哪種指標更好，或是使用哪種指標更能賺錢。其實，我以前也是如此。對於用技術指標判斷交易時機的人來說，很自然地會認為運用不同的指標會帶來不同的獲利。

另外，網路上充斥著各種使用技術指標發大財的成功經歷。尤其現在技術指標可以設定各種不同的參數，而不同投資人對於參數的設定都多少有點差異，也就更容易讓人把它當成一種魔法數字了。

然而，前面已經講過很多次了，世上不存在那種東西。

獲利的關鍵不在於使用哪種技術指標，或是使用哪種參數設定，而在於認識市場上買賣雙方的角力關係。 技術指標不過是幫助我們達到這個目標的工具之一。

所謂的參數，以移動平均線為例，便是計算平均值的單位時間長度，而對隨機指標和RCI這種震盪系指標來說，則是計算K線的數量或變數等等。但實際上這些參數的設定都沒有任何根據。

簡單移動平均線的參數一般預設為21，但沒有任何合理的理由可

以解釋為什麼非得是21。雖然坊間存在很多說法，例如21是斐波那契數列中的數、剛好等於1個月的工作天數等等，但這全是事後諸葛，稱不上合理。

其他技術指標的參數也一樣。道氏理論依循的是市場價格變化的**事實**，反觀**技術指標的參數則不存在任何必須是某個數字的依據**。

因為技術指標的功能一如前述，在於顯示市場的大方向。

如果不知道技術指標的這項功能，而把技術指標當成判斷交易時機的基準，就會汲汲營營地想知道哪個參數更好、使用哪個指標更能賺錢、哪種參數設定更優，開始「尋找聖杯」。

》技術指標大同小異

技術指標不像買賣雙方的角力關係那樣明確，也不能告訴我們交易時機等關鍵資訊，只能用來**顯示市場在某個不特定時間範圍內的「傾向」**。所以千萬不要過度寄望技術指標。

標準參數設定下的不同技術指標，往往不會有什麼太大的差異。

下面我們就用實際的圖表來看看，為什麼多個技術指標之間的差異，不會對投資的操作帶來什麼不同。

圖5是美元／日圓的日線圖從2019年2月1日到6月28日的價格走勢。在這張圖中，我們要觀察的不是K線的細微變化和個別的技術指標，而是**6種不同移動平均線的位置幾乎都差不多這件事**。

此外，本書由於印刷色數的關係不太容易觀察，建議各位可以打開自己的看盤軟體調出相同的設定比對看看。

這張圖表中的移動平均線一共有21SMA、帝納波利的3×3DMA、7×5DMA、25×5DMA，以及MACD中的12EMA和26EMA。這幾條移動平均線的參數都是市場常用的標準設定。如果各位有興趣的話，

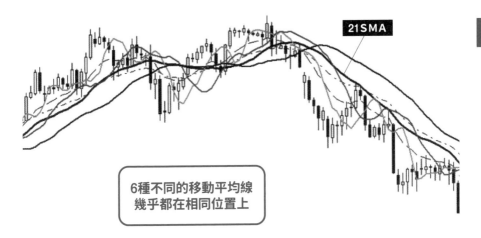

圖5. **6種移動平均線的比較**

〈美元／日圓　日線　2019年2月～6月〉

21SMA

6種不同的移動平均線
幾乎都在相同位置上

不妨也可以另外加上拋物線指標、一目均衡表的基準線或轉換線來比較
看看。

　　雖然在趨勢出現的部分，25×5DMA稍微偏離了21SMA，但除此
之外的部分，幾乎都比21SMA更靠近K線。

　　接著，我們再加入布林通道的±1σ（sigma），便會發現這6條移
動平均線幾乎都收在用虛線標出的±1σ的範圍內（第120頁**圖6**）。

　　換句話說，以上這些技術指標其實都在21SMA的標準差68.27％
內，顯示的都是同一方向的大趨勢。

　　在這張日線圖中，市場先進入了上升趨勢，之後陷入膠著，然後
開始轉跌，包含了絕大多數的價格變化類型。在這類案例中，絕大多數

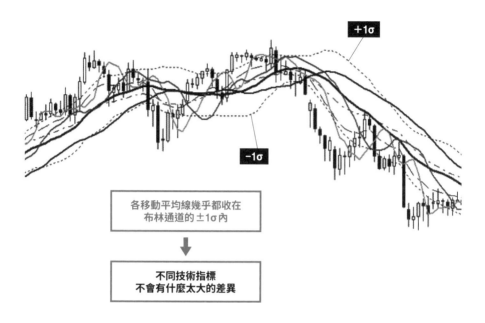

圖6. 6條移動平均線與布林通道

〈美元／日圓 日線 2019年2月～6月〉

+1σ

−1σ

各移動平均線幾乎都收在
布林通道的±1σ內

↓

不同技術指標
不會有什麼太大的差異

的技術指標都大同小異，由此可知，**重要的不是技術指標，而是理解基本的價格變化原理。**

通常使用21、75、200這3條

結合長期線
看出市場大方向

≫ 拉開技術指標的參數值差異

在**圖6**（參照第120頁）中，我們一共調出了21SMA、MACD中的12EMA和26EMA、帝納波利的3條移動平均線，以及布林通道的±1σ。6條不同的移動平均線（SMA、EMA、DMA）都收在布林通道的±1σ中，意味著這幾個技術指標都在21SMA的標準差68.27%內。

上述這些技術指標顯示的都是當前線圖週期下的價格變化。也就是說，**這些技術指標無法告訴我們市場更長期的風向，不適合當成道氏理論的補充**。因為它們沒有反映出更長週期的市場。

因此，接下來讓我們再試著調出75SMA和200SMA，它們是股市等金融市場也常使用的技術指標。

75和200這2個參數的值與21的差距很大，所以算出的圖形也跟21SMA很不一樣。75約是21的3.5倍，而200則是9.5倍，這之間的差異幾乎相當於換了一個線圖週期。因此它們更能顯示宏觀的市場走勢（第122頁**圖7**）。

這是一張美元／日圓的日線圖，在後半（右側）的下跌趨勢中，價格跌破了200SMA，也跌破了75SMA，顯示市場在長週期上可能會下跌。然後我們觀察道氏理論的箱型區域，可以發現價格跌破箱型低點前的反彈部分，即價格靠近21SMA時的位置是一個很有利的進場時機。

為了檢驗這個推論是否正確，我們再來看看同一段時期當中，更

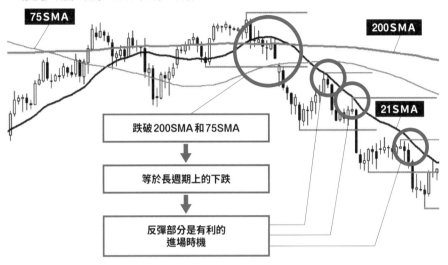

圖7. **使用稍微偏離當前價格走勢的技術指標**

〈美元／日圓　日線　2019年2月～6月〉

75SMA

200SMA

21SMA

跌破200SMA和75SMA

↓

等於長週期上的下跌

↓

反彈部分是有利的
進場時機

長週期的線圖走勢。**圖8**是同時期的週線圖，圖中調出了21SMA，以及相當於日線圖21SMA的4SMA（一星期中的工作日有5天，所以21除以5得到4.2，約等於4SMA）。互相對照後可以看出，週線和日線的箱型都同樣在往下走。

≫ 切換圖表的週期

　　由此可見，當我們只使用符合當前線圖週期的技術指標（本例中是21SMA）時，必須切換線圖的週期才能看出更長週期的市場風向。

　　然而，如果像**圖7**那樣，在圖中加入比當前線圖週期的技術指標參數值更大的指標（本例中是75SMA和200SMA），就能只用單一週期的圖表來分析更長週期的市場風向。本例中我們使用了21-75-200這3條SMA的組合，不過也可以使用21-100-200，或是10-50-150等不同的組合。

　　無論使用哪種組合，**技術指標都能告訴我們市場的大方向，幫助**

圖8. 切換週期，改用週線圖分析

〈美元／日圓　週線　2019年2月～6月〉圖7的週線圖

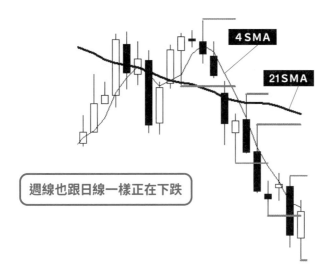

4SMA

21SMA

週線也跟日線一樣正在下跌

我們無須等待箱型突破，在道氏理論的箱型內部找到有利的進場位置。

　　順帶一提，我在部落格（虹色FX）上介紹的由7條移動平均線組成的虹色線圖法，也是可以只用一張圖表就得知市場風向的方法。

　　第124頁的**圖9**是虹色線圖的範例。這是2019年5月至7月歐元／日圓的日線圖，我們先運用道氏理論掌握箱型的範圍，再用虹色線圖上的技術指標分析出市場的大方向之後，接下來就只需要思考如何布局做空即可。

　　分析之後，如第125頁**圖10**的虹色線圖所示，我們發現歐元／日圓的價格大幅反彈、接近箱型頂部的時候，是一個比較好布局做空的時機。實際上，價格也確實上漲了一定幅度，接著賣壓便開始增強使市場轉跌，最終跌破了箱型底部。

　　由此可見，提前掌握長週期的市場風向，對於掌握有利的交易時

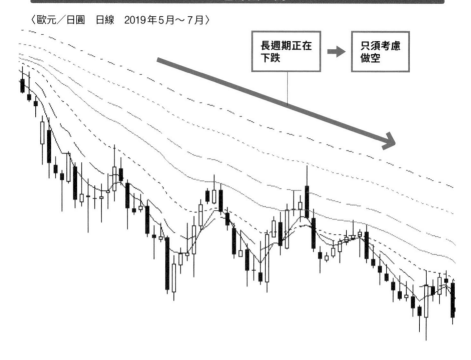

圖9. 虹色線圖一例

〈歐元／日圓　日線　2019年5月～7月〉

長週期正在下跌 → 只須考慮做空

機非常重要。

　　順帶一提，本節介紹的21、75、200的組合，是成功實現上億年收的業餘投資者Ｙ.Ｉ（@Porsche_love_FX）也在使用的手法。他熟讀了我寫的所有著作，然後發現這3條線最適合自己。

　　如果各位讀者也都能透過本書熟悉價格變化的原理，找到屬於自己的投資方法並獲得巨大收益的話，這是身為作者最大的喜悅。

圖10. 做空的時機

〈歐元／日圓　日線　2019年5月～7月〉

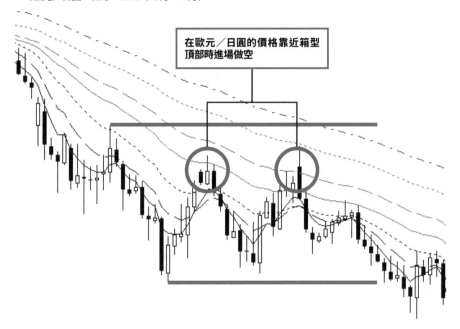

在歐元／日圓的價格靠近箱型
頂部時進場做空

|||||| CHECK POINT |||||||

①使用稍微偏離當前價格走勢的技術指標，
　可以得知更長期的市場風向
②在道氏理論的箱型內
　尋找交易時機

每種週期都有用處

用長週期線圖判斷趨勢方向，用短週期線圖尋找進場點

》用5分線圖尋找交易時機

　　至此為止，我們用了1小時線圖、4小時線圖、日線圖來觀察市場的大方向。這個方法對任何線圖週期都適用。**就如同道氏理論，合理的思考方式不分線圖週期，在所有情境中都是有效的。**同時這裡再強調一次，順勢操作的王道是**先找出長週期的趨勢，然後在短週期線圖上尋找進場時機。**

　　英鎊／美元在2019年6月19日16時到18時這2個小時內的價格走勢（5分線圖），便是一個很好的例子（**圖11**）。箭頭標出的陽線的高點1.25796和低點1.25615是箱型的頂部和底部，而後續價格的突破方向會決定今後的走勢。這同時也是第3章介紹的K線線形的應用（參照**第3章圖20**）。

　　第128頁的**圖12**是在同一張5分線圖中，加上21SMA和相當於1小時線21SMA的252SMA後的狀態。這裡我們以5分線圖為分析基準，由於1小時等於60分鐘，因此5分線上的12根K線就等於1根1小時線。然後21乘以12等於252。所以**想在5分線圖上知道1小時線的21SMA的位置，只需要將參數設定成252，叫出252SMA就行了。**

　　觀察**圖12**的圖表可以得知，21SMA的位置在252SMA上面。同時，K線又在21SMA的上方。這代表5分線的21SMA的位置比1小時線的21SMA更高，然後5分線的市價（K線）又比5分線的21SMA更高。在5分線圖上，由於有長週期（本例中是1小時線圖）的上升趨勢

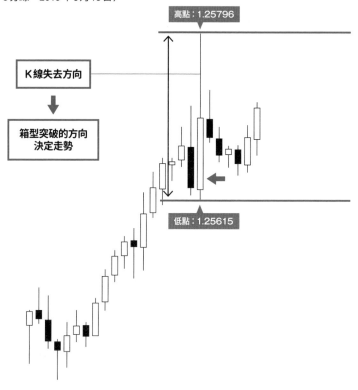

圖11. 沒有明顯方向的5分線圖

〈英鎊／美元　5分線　2019年6月19日〉

高點：1.25796

K線失去方向

箱型突破的方向
決定走勢

低點：1.25615

支撐，因此5分線更有可能往上突破。

　　也就是說，除非價格跌破5分線箱型的底部1.25615，否則我們就只需要考慮做多就行了。而實際上，後續的價格走勢就如第129頁的**圖13**所示，在到隔天6月20日的凌晨3點左右，8小時內大漲了將近100pips，一路漲到1.26725。圖中可以看到，**價格在漲破線圖左側的小箱型後，儘管中間有點小震盪，但仍穩步上升。**

》技術指標是用來顯示大方向

　　第129頁的**圖14**和**圖11**一樣是英鎊／美元的5分線圖，但調出

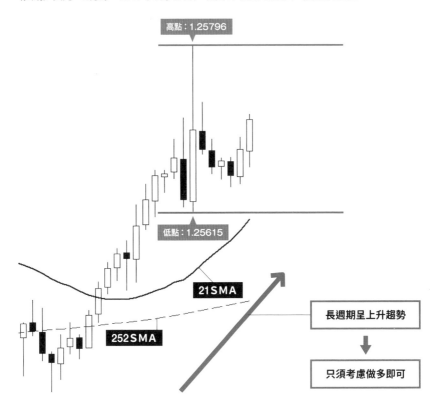

圖12. 加入移動平均線

〈英鎊／美元　5分線　2019年6月19日〉 在圖11中加入移動平均線後的圖表

高點：1.25796

低點：1.25615

21SMA

252SMA

長週期呈上升趨勢

只須考慮做多即可

了21SMA、75SMA、200SMA。後兩者同樣代表長期的移動平均線，並且顯示出更長週期的走勢呈現上升，具有支撐作用。**從200SMA和75SMA在K線的下方可以看出，整體的風向是往上。**

　　只要像這樣只將技術指標用於分析大方向（大致的風向或是市場走向），就不需要計較參數的細微差異。

圖13. 向上突破箱型後的價格變化

〈英鎊／美元　5分線　2019年6月19日～20日〉圖12之後的走勢

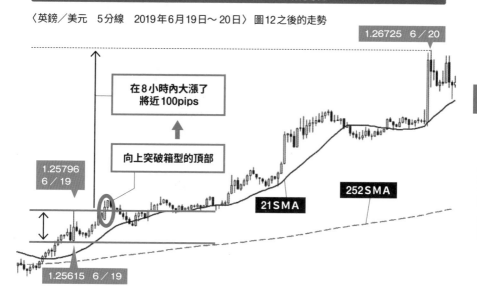

1.26725　6／20

在8小時內大漲了
將近100pips

向上突破箱型的頂部

1.25796
6／19

向上突破箱型的頂部

21SMA

252SMA

1.25615　6／19

圖14. 加入3條移動平均線

〈英鎊／美元　5分線　2019年6月19日〉在圖11中加入移動平均線後的圖表

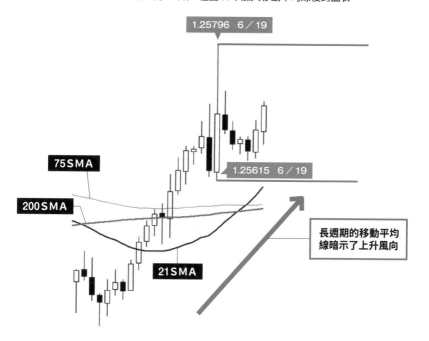

1.25796　6／19

75SMA

200SMA

1.25615　6／19

21SMA

長週期的移動平均
線暗示了上升風向

如何更好地掌握大風向
MACD之類的指標
也能多週期化

≫ 用正負值來表現價格變化方向的MACD

至此我們以移動平均線為例,介紹了①在多種週期線圖上,調出相同參數的技術指標互相比較的方法,以及②在單一週期線圖上,顯示不同參數的技術指標來確認風向的方法。

這幾種技術指標的運用方法不只能用於移動平均線,只要確實理解該指標的內涵,也能套用在其他技術指標上。

舉例來說,MACD是一種通常不會只使用一條線的技術指標,本節我們就來看看如何使用2條MACD進行分析。不過,這種圖表的運用方法不見得適用於所有外匯公司提供的圖表。在圖表功能方面,MT4(MetaTrade4)就是一款非常出色的軟體。

MACD的本質是2條指數平滑移動平均線(EMA)的差。**我們可以透過這個差的正負來得知價格變化的方向。**通常MACD的標準參數設定是使用12EMA和26EMA,並用9根K線來計算這2條EMA的差,也就是MACD的移動平均(12、26、9)。

具體的例子便是**圖15**,這是澳幣/美元(AUDUSD)在2019年7月31日當天24小時內的15分線圖。因為是15分線,所以圖中一共有96根K線。

為了方便大家看出趨勢方向,這張圖表也跟先前的英鎊/美元一樣調出了21SMA、75SMA、200SMA。這3條SMA顯示澳幣/美元的15分線可能會往下走,之後價格也確實跌破了箱型。

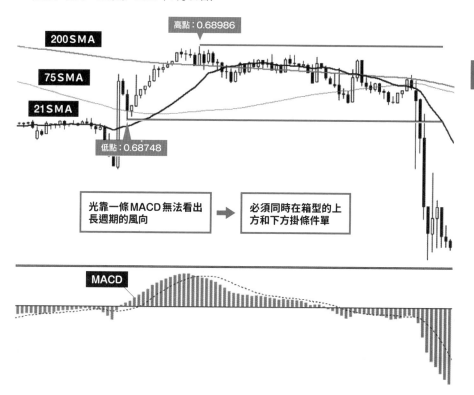

圖15. 加入一條MACD

〈澳幣／美元　15分線　2019年7月31日〉

高點：0.68986

200SMA

75SMA

21SMA

低點：0.68748

光靠一條MACD無法看出
長週期的風向　➡　必須同時在箱型的上
方和下方掛條件單

MACD

≫ 只用一條無法得知長週期的風向

　　另外，敏銳的讀者應該注意到了，箱型高點0.68986的下一根K線
其實已經跌破了高點前一根K線留下的低點，因此按照道氏理論，這裡
已經可以做出趨勢向下轉換的判斷。我也贊同這個分析，但因為這是
15分線，所以也要考慮誤差的可能性。另外作為使用MACD的例子，
這裡挑了一個範圍大一點且一目瞭然的箱型。

　　回歸正題，從**圖15**中可以看出，按照這個設定只調出一條MACD
時，完全無從分析更長週期的市場方向。如同前述，**技術指標並不是以**

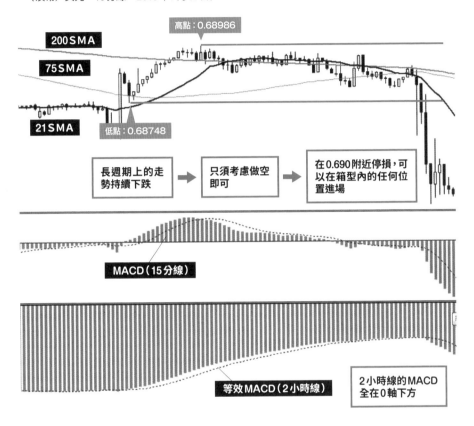

圖16. 加入2條MACD

〈澳幣／美元　15分線　2019年7月31日〉

高點：0.68986

200SMA

75SMA

21SMA

低點：0.68748

長週期上的走
勢持續下跌　→　只須考慮做空
即可　→　在0.690附近停損，可
以在箱型內的任何位
置進場

MACD（15分線）

等效MACD（2小時線）

2小時線的MACD
全在0軸下方

多週期分析為前提設計的。 單一MACD就跟21SMA一樣，只能顯示出
幾乎跟K線變化相同的走勢。因此，只使用一條MACD進行分析的時
候，我們無法得知長週期的風向，必須同時在箱型的上方和下方設定條
件單。

　　接著，我們來看週期比15分線圖更長的2小時線圖上的MACD。
雖然MT4上無法顯示2小時線圖，但只要更改MACD的參數，將15乘
以8倍，就能看到2小時線的方向（**圖16**）。

》透過多條線得知長週期的方向

圖**16**中調出了2條MACD。上面那條是先前15分線（圖**15**）中12-26的MACD。而下面那條MACD則是將12-26乘以8，改成等效於2小時線圖上同參數MACD的96-208的MACD。

如此一來，便能在15分線圖上看見2小時線的12-26MACD。然後我們發現整條96-208MACD都在0軸下方，可知2小時線圖上的走勢持續往下。

現在我們看見了比15分線更長期的2小時線的風向，因此就能將交易策略集中在做空上。換句話說，只要在箱型的高點0.68986上方，也就是0.690的位置附近設好停損，就可以在箱型內的任意位置進場做空。因為是15分線，所以箱型大小也只有20pips左右，**但即便是短週期線圖，只要知道長週期的方向，就能推測未來的走勢——學會這項技巧非常重要**。如同本節的MACD，只要充分了解自己使用的技術指標的內涵，就可以在單一週期線圖上同時調出多個不同參數的指標，藉此得知更長週期的市場方向。

另外，第134頁的圖**17**是同時期澳幣／美元的日線圖。先前介紹過7月31日的15分線範例，其實就正好位於日線圖中，價格從7月19日的高點0.70807到8月7日的低點0.66767的下跌段中間。所以如果事先確認過日線圖，在用15分線操作時，便會很自然地考慮做空。

然而，即便是只看15分線圖的人，只要用前面介紹的方法**巧妙地運用技術指標，也能輕鬆掌握市場的大趨勢**。一旦懂得解讀圖表，便能根據圖表建立適當的策略，找出正確的交易時機。

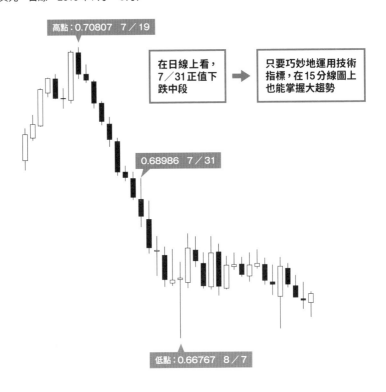

圖17. 認識長週期上的市場風向

〈澳幣／美元　日線　2019年7月～8月〉

高點：0.70807　7／19

在日線上看，7／31正值下跌中段 ➡ 只要巧妙地運用技術指標，在15分線圖上也能掌握大趨勢

0.68986　7／31

低點：0.66767　8／7

CHECK POINT

搞懂基礎，加深對技術指標的理解，
就可以調整出屬於自己的用法。

加入技術指標可以提高可靠性

利用移動平均線補充道氏理論

≫ 加入技術指標增加判斷基準

　　道氏理論是透過尋找市場的高低點來畫出箱型。然而，當不同高低點的價格很接近時，有時會讓人難以判斷。在這種時候加入移動平均線等其他的分析角度，可以幫助我們更冷靜地看待價格變化。

　　這裡以2019年8月1日至5日的歐元／美元1小時線的價格走勢為例（第136頁**圖18**）。該年7月的歐元／美元在日線圖和週線圖上，大致都呈現下行趨勢，並在8月1日的低點1.10267觸底，而當價格在1小時線圖中向上貫破高點A的1.10500之後，便開始轉為上升。這裡歐元／美元的價格在通過1小時線的轉換點後轉升，底部是箱型1的低點1L（1.10267）。隨後價格向上突破高點1H，形成新的高點2H，進入箱型2。

　　但若仔細觀察，不久後價格跌破了第二個箱型的低點2L，形成了低點3L。**根據道氏理論，這次下跌會令市場再次轉換到下跌趨勢。**然而，之後價格再次從箱型3一路漲到箱型5，順利地上升。

≫ 移動平均線是思考的關鍵

　　如第137頁的**圖19**所示，在線圖中加入21SMA之後，便會發現21SMA在箱型1內，K線也在跨越轉換點A（1.10500）時一併站到21SMA上方。隨後，價格便以21SMA為支撐一路上揚，即便是在跌

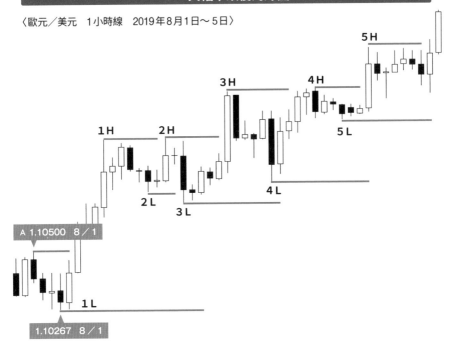

圖18. **大幅下跌後的線圖**

〈歐元／美元 1小時線 2019年8月1日～5日〉

5 H

3 H

4 H

1 H　　2 H

5 L

2 L

3 L

4 L

A 1.10500　8／1

1 L

1.10267　8／1

破2L的時候，也可以比對21SMA的位置，思考究竟該不該把這裡當成新的低點看待。

　　之所以這麼說，首先是因為高點2H只有略微超過上一個高點1H。這個向上的箱型突破仍在誤差範圍內，令人懷疑這個2H是否真的算是超過了1H。此外，就算真的當成突破了箱型，高點2H到低點2L的價差也很小，可以看出箱型2的範圍比箱型1窄了很多。

　　新低點2L和1H的價差很小，代表上升的力道應該很強。因此，理論上2H繼續向上突破的可能性很高。

　　然而，2H的高點卻沒有比1H高多少，之後甚至還跌破了2L，以上升趨勢來說實在有點不正常。身為投資者，**遇到這種狀況時必須小心謹慎，想想自己對箱型的判斷有沒有錯誤，市場是否正在迷走，背後到底是什麼情況**。此時我們可以調出21SMA，加上移動平均線這個判斷基準來輔助道氏理論。

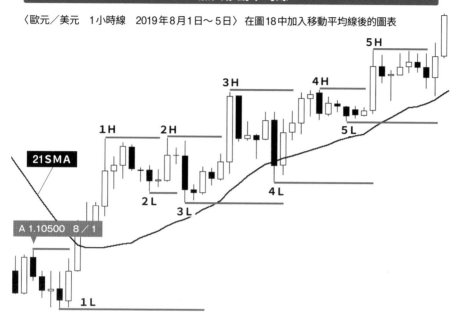

圖19. 加入移動平均線

〈歐元／美元　1小時線　2019年8月1日～5日〉在圖18中加入移動平均線後的圖表

5 H

4 H

3 H

1 H　　2 H

5 L

21SMA

4 L

2 L

3 L

A 1.10500　8／1

1 L

在單靠道氏理論仍無法解惑時，我們可以再加入其他技術指標，在嚴格的價格變化稍微偏離理論時，幫助我們判斷那究竟是誤差還是存在其他原因導致，趨勢是否真的有可能發生改變，還是自己的判斷出現錯誤。

由於外匯保證金是一種櫃買交易，當價格的更新情況比較複雜微妙時，我們所選的外匯公司與其他公司所顯示的價格有時會不太一樣。這種時候，我們可以加入其他的技術指標，並且採用更保守、更安全的策略。

重新審視線圖和價格之後，我們又重畫了一張全新的箱型位置圖（第138頁**圖20**）。

對**圖18**、**圖19**中第二個箱型的依據2H的價格抱有疑問時，可以

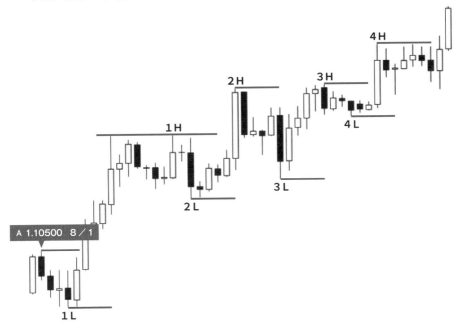

圖20. 畫出正確的箱型

〈歐元／美元　1小時線　2019年8月1日～5日〉在圖18中畫出正確箱型後的圖表

A 1.10500　8／1

1 H

2 H

3 H

4 H

1 L

2 L

3 L

4 L

如**圖20**所示，改用下一個更明確的高點當成2H，繼續以1L作為當前的箱型低點。由此可見，當遇到不確定該怎麼定義箱型範圍的時候，調出移動平均線可以幫助我們更冷靜地分析局勢。

當然也可以嚴格遵從道氏理論，就讓它自然停損一次。但因為本書是應用篇，所以在這裡提供另一種思考方式。

不知道該在哪裡掛單

箱型內部缺少判斷基準，很難設定限價單

≫ 箱型內的進場時機很模糊

在箱型內部操作，存在進場時機不明確的缺點。如果是在箱型突破時進場，我們可以在箱型的阻力區間外側掛條件單，但在箱型內部使用限價單*進場的話，則是任何地方都可以。另外，在設定限價單的價格時，也會遇到不確定能不能觸發，有沒有辦法成交的問題。

我們已知事先用長週期線圖確認過趨勢方向後，即便是在箱型內部也可以順著相同的方向進場操作。然而，如第140頁的**圖21**所示，沒人知道價格究竟會在箱型Ｈ－Ｌ之間的哪個位置回檔或反彈。因為箱型內的多空勢力不斷在變化。

因此，在箱型內部設定限價單時，必須分散到a、b、c等很多個點位。當然也可以只在一個位置掛單，但真正的問題是，究竟該掛單在哪個位置。

掛單在本例中的a位置，跟掛單在箱型突破的點位d並沒有太大差異，唯一的風險是價格挑戰箱型突破失敗，沒能跨過阻力區間。此外，由於停損點設在價格反向跌破箱型的位置，因此停損時的虧損會很大。而掛單在c的話，因為不確定價格究竟會不會回跌那麼深，所以存在訂單沒有被觸發的可能性。

如此看來，**想在箱型內部操作，最好的做法似乎是分散限價單的位置**。因為我們不知道箱型內的價格走向，所以在某種意義上，只能用「亂槍打鳥」的方式去操作。

圖21. 分散限價單

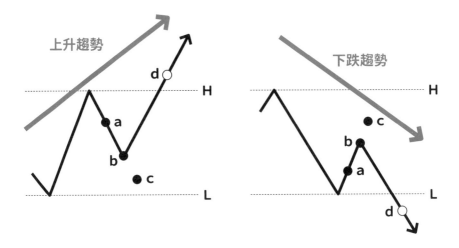

》逆勢操作的限價進場容易放大虧損

我們可以只在箱型內的某一點掛限價單。不過，關鍵還是在於訂單能否被觸發，並順利建倉。如果根本無法建倉的話，那就失去「不等箱型突破，在箱型內進場」的意義了。

還有一種方法是不使用限價單，自己觀察箱型內的價格變化，並用市價單即時下單進場。此時，如果是用1分線或5分線等短週期線圖的話倒還無所謂，但若是使用15分線以上的線圖，由於沒人知道箱型內的價格走勢會持續多長的時間，因此在物理上通常很難撥出那麼長的時間一直盯著K線的變化。

我之所以偏好遵從道氏理論，使用條件單等待箱型突破的時機進場，也是出於上述理由。

＊ 限制只在高於特定價格時賣出，或在低於特定價格時買進的交易單。類似條件單，但成交條件更寬鬆，常見於股市的現貨交易。

許多市場參與者都會留意的隱形阻力區間

利用斐波那契回調
尋找限價單的下單點位

≫ 重視箱型內61.8%的價格比率

　　我們在前一節中提到，「限價單」這種下單方法本身就具有一定的難度。對於證券市場這種現貨交易比較無所謂，但對於使用槓桿的外匯保證金，原則上最好順著趨勢來使用條件單。

　　在投資金融商品時，使用適合其特性的交易方法非常重要。在外匯市場使用限價單進行交易就跟在箱型內部操作一樣，屬於比較高級的技巧，只適合擁有豐富匯市投資經驗的老手（參照**第1章圖11**）。

　　那麼，如果要用限價單交易的話，訂單究竟應該掛在哪裡，又該以什麼為根據來思考呢？其實第2章介紹在阻力區間附近的操作中，就包含了使用限價單交易的情境（參照**第2章圖15**），而本節介紹的則是，在長週期線圖上存在趨勢的箱型內操作的技巧。

　　此時如果是上升趨勢，理論上價格比較不容易靠近箱型的底部，而如果是下跌趨勢，價格則較不容易靠近箱型的頂部。因此，在上升趨勢的箱型底部和下跌趨勢的箱型頂部附近掛限價單，有很高的機率根本不會成交。

　　想剛好抓住這種箱型內的反彈或回檔點非常困難，因此大家都在摸索各種方法來解決這個難題。

　　其中一種方法便是斐波那契回調。所謂的**斐波那契回調**，就是將箱型切成幾個不同的比率，把38.2%、50%、61.8%當成主要的限價單點位。另外，0%和100%分別就是箱型的底部和頂部。

圖22. 下跌趨勢中的美元／日圓行情

〈美元／日圓　日線　2019年4月～6月〉

高點：112.398　4／24

約下跌了2個月的時間

110.671　5／21

109.017　5／13

低點：106.778　6／25

一般來說，坊間大多認為**當反彈和回檔的幅度超過箱型的61.8％，價格走勢就很難繼續維持下去，容易發生反轉**。這個時機比道氏理論的轉換點更早出現。帝納波利交易法也很重視61.8％這個比率。不過，這充其量只是投資人觀察到市場似乎具有這種傾向，背後並沒有明確的理由。純粹是一部分的投資人透過經驗觀察到的結果，而非原理。這點就跟其他的技術指標一樣。

冷靜思考的話，就會知道箱型內的價格變化並不是由斐波那契數列決定的。只是當有足夠多的市場參與者都在關注時，這個位置就會形成隱形的阻力區間。於是事後回顧，便會發現市場走勢很多時候都恰好跟斐波那契回調的指標一致，僅此而已。

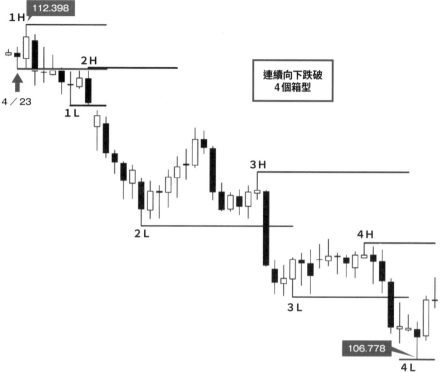

図23. 檢查箱型

〈美元／日圓　日線　2019年4月～6月〉在圖22中標出箱型後的圖表

112.398

1 H

2 H

連續向下跌破
4 個箱型

4／23

1 L

3 H

2 L

4 H

3 L

106.778

4 L

≫加入SMA掌握大風向

　　由於這對沒學過斐波那契回調的人比較難理解，因此下面用圖表說明。這次的範例是美元／日圓在2019年4月22日到6月27日的日線圖走勢，圖中價格從4月24日的高點112.398一路下跌至6月25日的低點106.778，一共下跌了5.62日圓。

　　從只有K線的日線圖（**圖22**）也能看出，美元／日圓的價格在這段時間雖然偶有上升，但在這2個月期間基本上都在下跌。用道氏理論分析這段走勢的箱型，可得到如**圖23**的結果。

　　藍色水平線標出的部分是價格首次跌破4月23日的低點，美元／日圓的走勢轉為向下。跌破低點後，當前的最近高點就變成了4月24日的112.398。之後連續出現4個向下的箱型整理，價格也連續向下跌

143

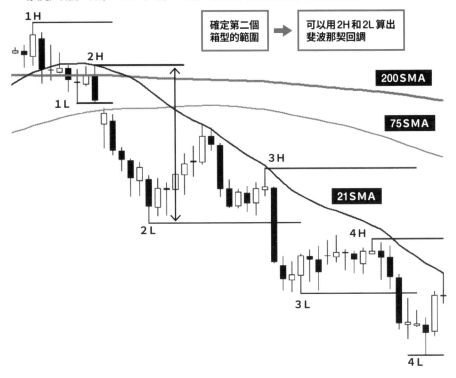

圖24. 加入移動平均線

〈美元／日圓　日線　2019年4月～6月〉 在圖23中加入移動平均線後的圖表

確定第二個
箱型的範圍 ➡ 可以用2H和2L算出
斐波那契回調

1H

2H

1L

200SMA

75SMA

3H

21SMA

2L

4H

3L

4L

破這幾個箱型，形成下跌趨勢。這裡我們分別替這些箱型標上1～4的
數字，並用H代表箱型的頂部，L代表箱型的底部。

　　接下來要處理的問題是，價格未來究竟會反彈到哪裡，以及應該
在箱型內的哪個位置進場。首先，如同前述，**想在箱型內部操作，就必
須先掌握長週期線圖上的趨勢**。只要確定大趨勢的方向，即便在箱型內
也能布局。

　　因此，為了得知大趨勢的方向，我們在圖中調出了21-75-200的
SMA，結果便是**圖24**。加上SMA後，我們發現K線在跌破第一個箱型
的底部（1L）時，不僅早已落在21SMA和200SMA的下方，更同時跌
破了75SMA。此時我們可以推測大趨勢是向下走，**無論道氏理論還是
3條SMA的日線圖，都顯示是下跌趨勢**。

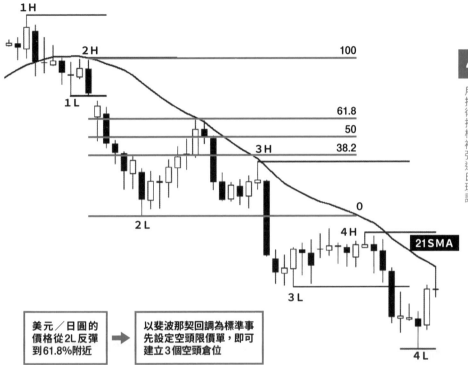

圖25. 斐波那契回調

〈美元／日圓 日線 2019年4月～6月〉

1 H

2 H 100

1 L

61.8
50
3 H 38.2

2 L

4 H

21SMA

3 L

0

4 L

美元／日圓的
價格從2L反彈
到61.8%附近
➡
以斐波那契回調為標準事
先設定空頭限價單，即可
建立3個空頭倉位

≫利用斐波那契回調，比道氏理論更快進場建倉

然後在K線碰到第二個箱型的低點（2L），並且沒有繼續跌破新低的時間點，我們便可確定第二個箱型的底部。接著我們就能利用這個箱型的頂部（2H）和箱型的底部（2L）來計算斐波那契回調。

嚴格來說，斐波那契回調應該用斐波那契計算機或Excel計算，但現實中就和技術指標一樣，因為我們只是要尋找粗略的進場時機，所以用MT4圖表的斐波那契回調工具就夠了。

於是，我們可以看到價格一路反彈到了斐波那契回調的61.8%附近。換句話說，在箱型2中，我們**掛在38.2%、50%，以及61.8%這3**

個位置的空頭限價單都會成交，建立空頭倉位。道氏理論則主張應該在箱型的底部（2L）下方掛空頭的條件單進場，因此斐波那契回調可以比道氏理論更快建立空頭倉位。

此外，基於斐波那契回調指標在箱型內用限價單進場做空時，停損點應該設定在箱型的頂部（2H）上方，而若價格後續跌破箱型的底部（2L），就可以把停損點移動到最近的高點3H上方。以第145頁的**圖25**為例，在移動停損點後，便可確保在38.2%、50%、61.8%建立的3個空頭倉位絕對不會發生虧損。

》**配合倉位量進行資金管理**

另外，若同時在箱型內利用限價單，並在箱型突破時利用條件單進場的話，當價格跌破箱型後就會擁有4個不同的倉位。

而理所當然地，因為倉位量增加了，資金管理的方法也必須跟著改變。儘管具體做法會因投資者的盤算而異，但未來最好繼續用跟第二個箱型相同的方法操作。因為目前依然是下跌趨勢。除此之外，如果之後打算再增加倉位，也應該依照第2章介紹的原則做好資金管理，避免「實效槓桿」超過10倍。

如同前述，因為趨勢行情就是連續朝同一方向突破箱型的狀態，所以之後也會繼續不斷出現新的箱型和突破。**圖26**便是一個非常好的例子。

第三個箱型中的反彈正如**圖26**所示，就連斐波那契比率50%的那條線都沒有碰到。此時就算跟上次一樣在38.2%、50%、61.8%的位置掛出空頭限價單，也只有掛在38.2%上的訂單會順利成交。在箱型內部，沒有人知道哪個訂單會成交。誠如道氏理論所言，我們無法預測箱型內的價格變化。所以限價單的操作只能「亂槍打鳥」。另外，相信各位應該都注意到了，要計算斐波那契回調指標，**必須正確掌握箱型的範圍**。

唯有學會圖表分析的基礎，正確掌握圍出箱型的高點和低點，才

圖26. 箱型突破後的斐波那契回調

〈美元／日圓　日線　2019年4月～6月〉

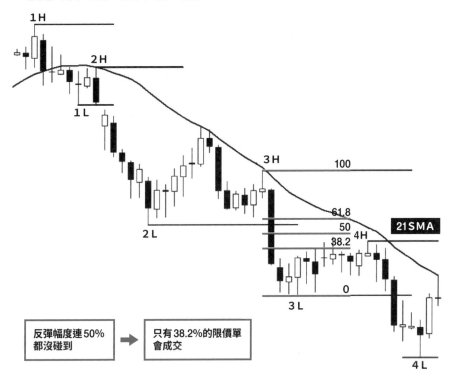

1 H

2 H

1 L

3 H　　　　　100

61.8

50　　　　　**21SMA**

2 L　　　　　38.2　4H

3 L　　　　　0

4 L

反彈幅度連50%
都沒碰到　➡　只有38.2%的限價單
　　　　　　　會成交

能靈活運用更複雜的交易方法。

　　這便是我說本書是應用篇的原因。

比較相同局面下的各種技術指標

運用3種移動平均線
尋找進場時機

》若價格的平均值持續往下，則大趨勢也會向下

在箱型內進場的方法，不只有斐波那契回調。由於在箱型內部，我們無法得知價格會如何波動，因此反過來說，其實在哪裡進場都無所謂，只要找到一個技術指標當成判斷標準，建立屬於自己的交易規則，便不會陷入迷惘。換句話說，投資時最好有一個操作的基準，才不會變成使用「直覺」交易。

一般較常用的例子，便是使用21SMA尋找進場時機，具體的操作如圖27所示。這次也跟前一節一樣，使用美元／日圓在2019年4月～6月的日線圖。

於是，我們發現圖中的價格有3次明確反彈到21SMA的局面。首先是5月21日和5月30日。這2次的價格都在下跌後彈回了21SMA的位置。進入6月後，K線雖然也曾來到21SMA附近，但並沒有像5月那2次一樣明顯下跌後才反彈，更像是**價格波動變弱、陷入膠著，緩緩地接近21SMA**。

這2種走勢分別屬於「價格調整」和「時間調整」，5月的2次是價格調整，6月的那次是時間調整。

移動平均線向下走，即是代表價格的平均值正在往下變化。換句話說，**市場正在持續下探，儘管偶爾會出現上漲的時候，但大體上呈現下跌的趨勢**。

因此，市場價格回到平均值，只是代表市價在下跌趨勢中的這段時間（本例中是21天），暫時回到平均而已。如果市價突破平均值，

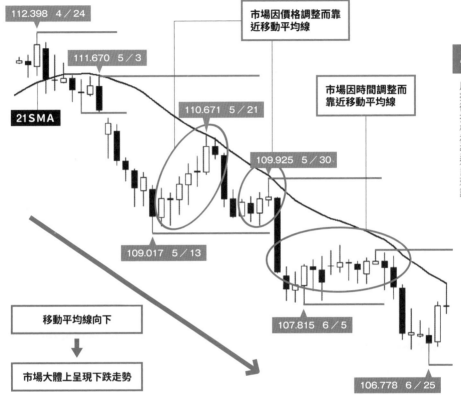

圖27. 用移動平均線尋找時機

〈美元／日圓　日線　2019年4月～6月〉

112.398　4／24

111.670　5／3

21SMA

市場因價格調整而靠
近移動平均線

市場因時間調整而
靠近移動平均線

110.671　5／21

109.925　5／30

109.017　5／13

移動平均線向下

↓

市場大體上呈現下跌走勢

107.815　6／5

106.778　6／25

代表當前走勢超過了平均，未來市場有轉升的可能性。此外，**如果市價
還同時突破了箱型的頂部，則代表不僅在移動平均線的資料面上轉為買
方優勢，市場的角力關係也變得明朗，市場將會轉升**。不過在本例中，
市價只是回到了平均值，因此這裡只是一個大方向的分歧點，若價格之
後再次跌破平均值，則市場續跌的可能性較高。

　　像這樣基於移動平均線的原理來進行操作時，因為這次的例子是
日線圖，我們只需要一天檢查1～2次圖表，確認21SMA的位置就可
以了。即便是在箱型內部也可以用21SMA當成基準，設置限價單。

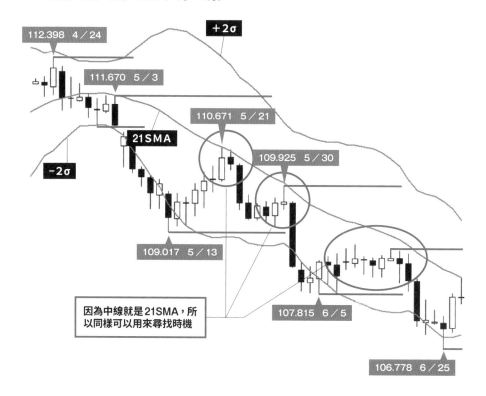

圖28. 用布林通道尋找時機

〈美元／日圓　日線　2019年4月～6月〉

+2σ

112.398　4／24

111.670　5／3

110.671　5／21

21SMA

109.925　5／30

-2σ

109.017　5／13

因為中線就是21SMA，所
以同樣可以用來尋找時機

107.815　6／5

106.778　6／25

　　既然都提到了21SMA，這裡也順便介紹一下布林通道。因為布林
通道常常使用21SMA當作中線。在我剛開始投資外匯時，坊間除了
21SMA之外，也有使用20SMA或25SMA的布林通道，而不同外匯公
司提供的布林通道參數都不一樣。

　　圖28與第149頁的美元／日圓日線圖是同一張圖，不過加入了布
林通道的±2σ。

　　上述這個布林通道的中線是21SMA，因此進場時機就和單獨使用
21SMA完全相同。價格在布林通道中線附近的走勢之所以常常受到注
目，大概也是這個緣故。

≫ 在跌破3條移動平均線的時機做空

　　另一個例子，則是使用帝納波利的DMA。關於帝納波利的內容，我在前作中也有介紹。

　　這裡我們調出了帝納波利指標所使用的置換移動平均線（DMA＝Displaced Moving Average）中，週期最短的3×3DMA和週期最長的25×5DMA，以及代表週線的125×25DMA來說明。為了解說方便，第152頁**圖29**的圖表中省略了中期的7×5DMA。

　　首先要注意的是，K線在跌至3條移動平均線的下方後，價格變化開始一路走跌，此現象與第144頁**圖24**的21-75-200SMA的狀況幾乎一模一樣。雖然2張圖的市場狀態不同，因此進場時機多少存在差異，但是技術指標顯示的時機幾乎沒有不同，這點就跟第5節（參照第117頁）的解說一樣。另外，因為技術指標本身就是根據市價變化計算出來的，所以會得到相似的結果也是理所當然。

　　此外，這次還在圖表上調出了相當於日線25×5DMA 5倍的週線125×25DMA，幫助我們看見更長週期上的風向。這3條DMA的特徵在於，3×3DMA顯示了交易的時機和反彈高點的位置。同時，因為市場趨勢向下，**當市價跌破這3條移動平均線時，便是做空的時機。**當短參數的技術指標落在長參數的技術指標支撐方向的前方，而K線又跑在短參數的技術指標前方時，就代表市場更容易往該方向移動，這點對於所有移動平均線都一樣。

≫ 帝納波利的DMA跑得比線圖上的價格更快

　　帝納波利的DMA有個優點，那就是它跑得比線圖上的價格更快。因為這張圖是歷史走勢的截圖，所以看不太出來，但在即時的圖表上，這3條DMA其實分別跑在市價的3根K線、5根K線及25根K線的前方。**由於我們可以提前看到DMA未來的位置，因此能事先在市價跌破**

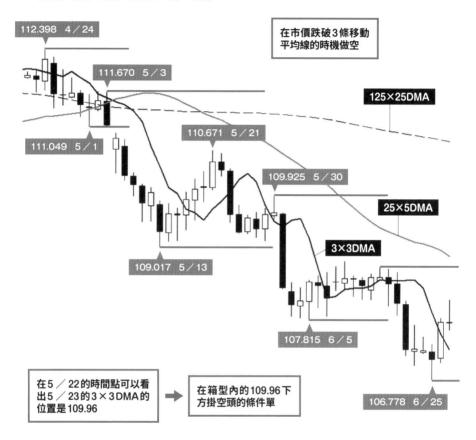

図29. 用帝納波利尋找時機

〈美元／日圓　日線　2019年4月～6月〉

112.398　4／24

在市價跌破3條移動
平均線的時機做空

111.670　5／3

125×25DMA

111.049　5／1

110.671　5／21

109.925　5／30

25×5DMA

3×3DMA

109.017　5／13

107.815　6／5

在5／22的時間點可以看
出5／23的3×3DMA的
位置是109.96

在箱型內的109.96下
方掛空頭的條件單

106.778　6／25

DMA的位置掛賣單，即便是在箱型內部也能使用條件單。

請留意**圖29**中，價格在碰到5月21日和5月30日的高點後，反轉
跌破3×3DMA的走勢。

價格在5月21日碰到110.671的高點後，於隔天5月22日確定未
能突破21日的高點時，便顯示這波漲勢很可能只是跌深反彈，市場有
可能會再次下跌。在這個時間點，因為我們已經提前知道隔天5月23
日的3×3DMA的位置是109.96，所以早在價格仍在110日圓左右徘徊
時，便能提前在109.96的下方掛空頭的條件單。

之後，價格又在5月30日於同一個箱型內碰到高點，然後於隔天31日跌破3×3DMA，接著又跌破箱型的底部。

理解使用
技術指標的
理由。

CHECK POINT

結合道氏理論和技術指標，
找出進場和停損的明確位置。

第 5 章

運用所有技術，
抓住每個交易機會

確立自己的
交易策略。

不錯失獲利
尋找天花板和底部時謹記價格變化的基本原理

》光靠道氏理論無法掌握市場的頂底

在上一章中，我們介紹了如何在兼顧風險管理的情況下，尋找比道氏理論的箱型突破法更快且更有利的進場時機。也就是第1章介紹的交易時機的具體策略。

如果再進一步思考，我們會希望能夠找到市場的天花板和底部。因為只要知道天花板和底部在哪裡，就可以提前找到大趨勢中的回檔、反彈，或是市場反轉的位置。然而要精準抓到市場的頂底（天花板和底部），並在最佳的時機反轉倉位，簡直就是神乎其技。話雖如此，要等待市場移動到道氏理論的轉換點之後反轉，就必須放棄一部分的價差利益。因為**道氏理論放棄了趨勢最後一個箱型部分的利益**。當我們使用的線圖週期愈長，最後一個箱型部分的範圍就愈大，很自然便會令人想找找看有沒有什麼辦法能吃下這段價差。此外，在道氏理論中，即便趨勢沒有反轉，也會放棄市場暫時的反彈或回檔。而在長週期線圖中，有時這些反彈或回檔的價差也十分誘人。

如果你是穩健派的投資者，那麼完全可以遵循第1章所說的基本原則「魚頭和魚尾留給別人吃」，瀟灑地放棄追求這段價差。不如說這才是外匯投資的正道，因為僅憑這樣就已經能確保充足的獲利。

但在本書中，我想進一步思考如何在更早、更有利的位置進場，以及道氏理論可以搭配哪些不同觀點的分析工具。

圖1. 上升趨勢的結構

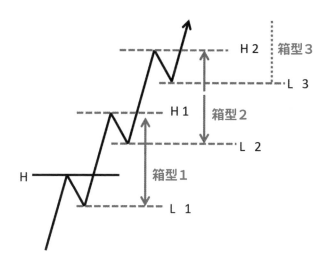

5

》趨勢就是箱型朝同一方向持續

為了找出市場的天花板和底部，首先作為前幾章的複習，我們來重新確認一下目前的市場趨勢吧。

如同大家所知，「趨勢就是箱型朝同一方向持續」。**市場持續朝同一方向突破箱型，結果就形成了趨勢。**在上升趨勢中，市場會不斷突破新高而不跌破新低；在下跌趨勢中，市場則是不斷跌破新低而不突破新高，這便是道氏理論對趨勢的定義。

在思考趨勢時，必須先明確定義哪種市場狀態可以稱為趨勢，這是最基本的部分。如果定義不清楚的話，在市場的頂底這種極限位置進場時，就會因為缺少明確的判斷基準而變成賭運氣。

如圖1所示，價格首先突破了第一個箱型1，然後又往相同方向突破了箱型2，形成趨勢。接著價格繼續突破了箱型3，只要這種情況持續發生，趨勢便會維持下去。不論上升趨勢或是下跌趨勢都具有相同的結構。

在上升趨勢中，當價格突破箱型2的高點H2時，箱型3的低點L3

便確定了，但箱型3的頂部還是未知數。因為我們不知道價格究竟會移動到哪裡。同理，在下跌趨勢的**圖2**中，在價格跌破箱型2的低點L2的那一刻，箱型3的高點H3便確定了，但箱型3的底部仍未確定。這就是這2張圖想要表達的意思。

關於這種箱型和趨勢的結構，我在2本前作中均有詳細的介紹，但似乎仍有很多讀者不明白，為什麼箱型的大小會隨著突破新高和跌破新低而改變。

當市場在上升趨勢中突破新高時，在刷新高點的瞬間，下一個箱型的底部（L）便確定了。換句話說，停損的位置移動（縮小）了。而當我們在這個新的底部掛出新多頭倉位的條件單時，市場還處於前一個箱型的範圍內。由於箱型內部找不到明確的參考點，因此我們只能把停損點設定在和趨勢方向相反側的箱型阻力區間外側。

然而，當市場突破新高或跌破新低的瞬間，買賣雙方的勢力關係就改變了，市場從一個箱型移動到了另一個箱型中，所以停損點的位置也要跟著移動。

因為市場的價格變化源自於這種買賣雙方的角力機制，所以我們才可以在箱型突破的時候進場。同理，如果是下跌趨勢的話，當市場突破箱型、跌破新低時，原本箱型內部的最近高點便會成為新箱型的頂部（H）。

》**首先必須掌握找出轉換點的技術**

要抓住市場的天花板或底部，就代表要找出市場在天花板或底部反轉的時機。終極來說，就是要精準地在最高的高點賣出，並在最低的低點買進。

然而，這是不可能的。不過，如果只是要盡可能地在頂底附近尋找反轉點，仍是有可能的。尋找反轉點，就是要尋找原本順著趨勢方向操作的多數派多頭或空頭勢力縮小，買賣雙方勢力逆轉的位置，以及研究如何從圖表看出這個轉換點。這便是道氏理論的趨勢轉換。

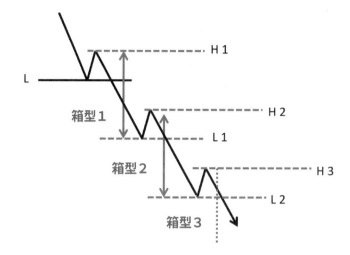

圖2. 下跌趨勢的結構

換句話說，**如果沒有學會第一時間從圖表看出轉換點的技術，就不可能找到市場天花板和底部的交易時機。**

CHECK POINT

①買賣雙方的勢力分布會在
市場突破新高或跌破新低時改變
②若能找到市場的天花板和底部，
就能將獲利最大化

成功找出市場的頂底

複習一下
趨勢結束的轉折點

》市場反向突破箱型即是轉換

　　趨勢的轉換發生在市場往反方向突破最後一個箱型的那一刻。因為所謂的轉換點，就是不符合道氏理論所定義之趨勢的價格。首先讓我們觀察**圖3**，並試著從圖中找出可能暗示上升趨勢結束，市場即將轉跌的動態。原本不斷上升的市場，在挑戰突破箱型2的頂部H2失敗，然後又跌破箱型的底部L2時，上升趨勢就結束了。

　　同樣地，如**圖4**所示，當原本不斷下跌的趨勢沒能跌破箱型的底部L2，還反過來升破最後一個箱型的頂部H2時，就可以開始思考下跌趨

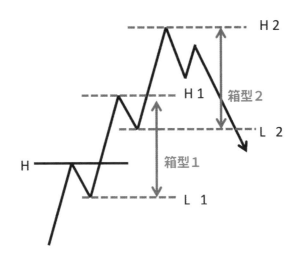

圖3. **上升趨勢的結束**

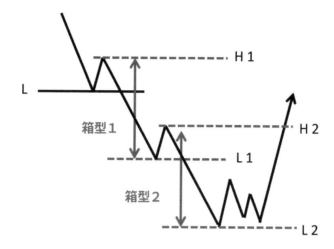

圖4. **下跌趨勢的結束**

L

H 1

箱型 1

H 2

L 1

箱型 2

L 2

勢結束並轉向上升趨勢的可能性。

≫ 箱型是趨勢的分歧點

　　首先從掌握箱型的位置開始。然後，我們才能推測市場究竟會突破箱型的高點區間還是低點區間、趨勢是否會持續、是否存在往反方向轉換的可能性。因為這是市場價格變化的原理。在掌握上述的交易技術之後，即使只看K線圖也能推測未來走勢，擬定策略。而要達到這個境界，**最重要的是反覆練習，在高低點畫水平線來分析圖表。**

　　此外，除了基本的K線之外，還要加入週期的要素。誠如第2章的解說，不同週期上的箱型阻力區間強度也不一樣。換句話說，如果在市場風向反轉的天花板或底部附近，剛好存在更長週期上的阻力區間，那麼我們所使用的線圖週期上的價格走勢當然也會受到影響。而若使用短週期的線圖，即使價格突破了阻力區間，由於價格變化的力量很弱，因此也可能馬上就退回去，出現假箱型突破的陷阱（假訊號）。

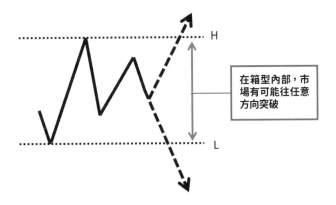

圖5. 箱型內的市場走勢

H

L

在箱型內部，市場有可能往任意方向突破

　　要在真實的市場中找出天花板和底部非常不容易。不過，若能提前在長週期上找出天花板和底部的位置，那麼市場很可能會在這些位置反轉，正是抓住反方向大趨勢起點的絕佳機會。因此，**進行逆勢操作時不該僅憑一時的衝動，而要有明確的判斷基準，並做好資金管理，確保手上擁有足以多次嘗試的資金。**

　　一切的關鍵在於，我們對基本的箱型突破和箱型整理內的市場走勢有多深的理解，以及能否自然地對圖表做出反應。如**圖5**所示，不論在哪個週期上，箱型市場永遠同時存在向上或向下的可能性。這點對趨勢內的箱型來說也一樣，箱型的頂部或底部是否會成為行情的天花板或底部，正是趨勢能否維持的分歧點。

急遽漲跌後的價格調整和時間調整

鄰近天花板和底部時容易發生調整

》市場存在灰色地帶

每次參加散戶投資者的聚會或線下集會時，很理所當然地都會變成市場講座或技術分析講座。尤其是聊到技術分析的話題時，一定會有人打破砂鍋問到底，要我明確回答市場到底會漲還是會跌。我想他們應該是希望找出一個簡單的、明確的方法，可以知道市場究竟會漲還是會跌。我以前也是這樣。為了賺錢，當然會想要一個明確的基準，並認為市場的漲跌是非黑即白的結果。

然而，這種觀念其實漏掉了一種情況。那就是非黑也非白的**灰色地帶**。

如果用開車來比喻的話，那麼認為市場不是黑就是白、不是漲就是跌，就像是開車一直踩著油門或一直踩著煞車。現實中開車時，我們的腳有時並沒有放在油門上，有時則是懸空準備踩下煞車。這便是一種灰色地帶。開車技術愈差的人，愈容易死命踩著其中一邊的踏板，相反地，開車老手大多時候會提前觀察前方的路況，而不會隨時踩著踏板。換句話說，兩者在經驗值和是否保有餘裕上存在著差異。

這種保有餘裕的狀態，或者說是猶豫期間，放在道氏理論中便稱為箱型整理。換句話說，市場也存在不知道要往哪裡移動的時期，也就是灰色地帶。但投資新手很容易擁有市場非漲即跌的刻板印象，不懂得放鬆，讓自己保有餘裕。

本章，我們要來思考如何提早發現趨勢轉換的徵兆，並在趨勢轉換的過程中，抓住最有利的時機建立相反方向的倉位。而要做到這點，

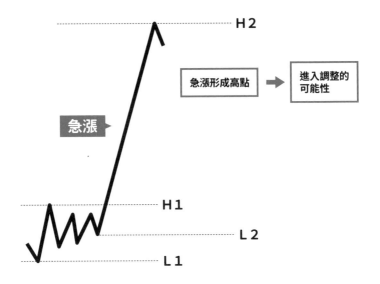

圖6. 調整前的極端價格波動

H2

急漲形成高點 ➡ 進入調整的可能性

急漲

H1

L2

L1

關鍵就在於如何縮小灰色地帶,判斷下一步。

　　如果同樣用開車來比喻的話,這就像是在比賽賽車。我們要追求盡可能縮小灰色地帶,減少無謂的浪費並提升效率。以外匯投資來說,便是**找出順勢的倉位的最佳平倉點,或是找到最佳的轉倉時機**。

》**市場容易在頂底附近發生調整**

　　因此,首先要認識市場在碰到天花板和底部時,很容易發生俗稱「調整」的變化模式。**只要知道市場在接近被多數人視為天花板或底部的區域時容易發生何種變化,就能抱著放鬆的心態分析圖表,並提前做好準備。**

　　有時在市場出現趨勢,並朝特定方向移動一段時間或距離後,便會發生「調整」。例如**圖6**中,市場向上突破箱型(L1－H1)後的上升過程。

不論在任何週期上，當市場價格朝某個方向一口氣移動時，就代表市場上的多空勢力嚴重偏斜。而所謂朝單一方向移動，則是指連續出現數根大陽線或大陰線。在圖6中，價格一口氣暴漲便代表①買家急速增加、②賣家急速減少、③買方增加和賣方減少的狀況同時發生，導致買賣雙方的勢力平衡急速變化，嚴重偏向買方優勢，所以才會大漲。

通常市場在出現極端的走勢之後，很容易緊接著出現相反的作用力。這便是調整。

此處，由於市場在大漲後留下高點H2，因此後續價格很可能會進入「調整」。形成高點，意味著這個位置的買賣雙方勢力相當，與前面上揚走勢時買方占優勢不同，買賣雙方的勢力關係發生了改變。在高點形成後，市場便再次進入買賣雙方的勢力之爭。

在價格急漲後，有時市場會因為反作用力而接著暴跌。這種情況屬於**價格調整**。因為急漲是一種很極端的價格變化，所以後面往往會伴隨暴跌的情況，使市場恢復平衡。

除此之外，有時價格急漲之後會在高價區陷入膠著。此時，市場會花一段時間慢慢平衡急漲發生時，市場上的倉位朝多頭大幅傾斜的情形。這種情況稱為**時間調整**。

這2種市場向買賣其中一方極端傾斜的波動，都會影響後續的調整動態。即便如此，箱型從（L1－H1）向（L2－H2）的移動依然符合理論。

問題在於市場究竟會在H2的高點附近陷入膠著、進入時間調整，還是會以價格調整的方式暴跌。這2種情況會導致後續採取不同的策略（參照第148頁）。

買賣雙方的勢力之爭

進入盤整期後
價格會陷入膠著

》市場超買造成的價格膠著

「時間調整」是指市場在上升碰到高點後，價格陷入膠著的狀態。也就是圖7所示的走勢。另外，這張圖畫的是趨勢上升的例子，當趨勢下跌時，方向當然會反過來。

如果根據價格變化來想像這波走勢，可以得出以下結果。

首先，在價格突破L1和H1的時間點，多頭的條件單會被觸發，成功建倉。與此同時，在看到市場走揚後，新的買家應該也會用市價單買

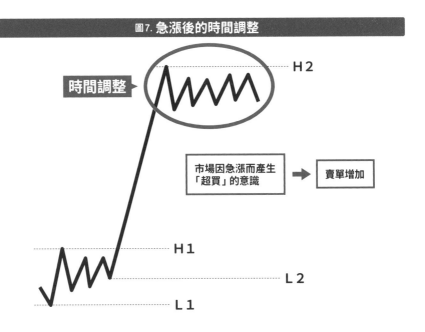

圖7. 急漲後的時間調整

時間調整

H2

市場因急漲而產生
「超買」的意識 → 賣單增加

H1

L2

L1

進。正如我在前作中所說的，重視基本面的投資者通常不容易決定在哪裡掛出委託，因此會根據即時的價格變化和新聞以市價進場。

然後，在價格漲到一定程度後，市場會開始產生「超買」的意識。因為多頭的倉位最後一定要賣出平倉（空頭的話則是買回），這是外匯保證金這種衍生性金融商品的特性。

所以，**在價格朝上方移動一段距離後，便會因為「超買」而難以繼續上漲**。因為會陸續有人開始賣出平倉。同時用布林通道或移動平均線乖離率等指標當作判斷基準的人，也會開始做空。由於一部分的買家在價格大幅上漲後已經賺到足夠的獲利，因此他們會開始停利。而多頭倉位的平倉就是賣出。

此外，使用震盪系技術指標的投資者通常會逆勢操作，所以在看到急遽的價格變動後，便會在漲過頭的位置進場做空，建立新的空頭倉位。當上述買家和賣家的動態導致價格停止上漲，便留下了高點H2。

接著來觀察實際的圖表。第168頁的**圖8**是美元／瑞士法郎的5分線圖，時間是2019年5月2日。這天凌晨3點FOMC會公布會議結果，因此價格一度跌至1.01270（**圖中①**），但隨後多頭又開始買進美元，使美元匯率上升。

美元／瑞士法郎在碰到1.01270的底部之後出現大陽線，開始上升，之後接連留下2根陽線。最後雖然以陰線做收，但仍然在20分鐘內從1.01270的低點漲了54.4pips，留下1.01814（**圖中②**）的高點。然而，之後卻出現陰線，又下跌到1.01668（**圖中③**）。應該是因為有投資者在此處停利吧。即便如此，這裡的箱型仍然擴大到1.01814和1.01270的範圍，而且價格持續在箱型的上層區域移動。這裡的K線交錯出現陽線和陰線並陷入膠著，顯示多空勢力正在爭鬥。

之後美元／瑞士法郎的價格在膠著中緩緩突破新高，最終到達這張圖中的最高點1.01831（**圖中④**）。在這個瞬間，箱型的底部上移到了1.01737（**圖中⑤**），確定變成一個狹小的箱型。

價格在碰到高點1.01814（**圖中②**）後，一邊上下波動，一邊**在高**

5

運用所有技術，抓住每個交易機會

167

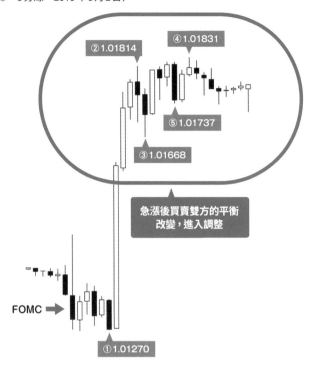

図8. 時間調整的例子①

〈美元／瑞士法郎　5分線　2019年5月2日〉

②1.01814

④1.01831

③1.01668

⑤1.01737

急漲後買賣雙方的平衡改變，進入調整

FOMC

①1.01270

價區留下好幾根K線，這種膠著的動態代表市場靜止不動，買賣雙方的勢力之爭需要花一段時間才能分出勝負。換句話說，這種情況屬於無法確定市場會往哪邊移動的時間調整。

》所有線圖週期都會發生時間調整

　　時間調整會發生在所有線圖週期上。圖9同樣是美元／瑞士法郎的日線圖，時間是2019年3月19日到5月16日。

　　價格從3月20日的0.98附近漲破平價（parity＝1.0000）線，碰到4月23日的高點1.02289後，中間膠著了好一陣子，直到5月9日才留下陰線開始轉跌。之後價格一路崩跌到8月的0.96附近，跌幅超過了

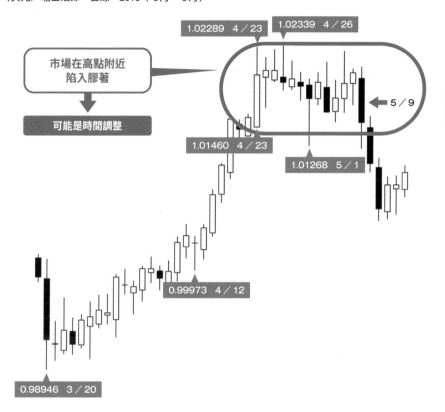

圖9. 時間調整的例子②

〈美元／瑞士法郎　日線　2019年3月～5月〉

市場在高點附近
陷入膠著
↓
可能是時間調整

1.02289　4／23

1.02339　4／26

5／9

1.01460　4／23

1.01268　5／1

0.99973　4／12

0.98946　3／20

3月到4月的漲幅。

　　儘管這裡價格從高點下跌，但如果沒有跌得太深，只是停在高點附近來來回回的話，那就很有可能是「時間調整」。

　　此時多頭看到價格漲不上去，便會開始了結獲利；而看到價格被鎖在高點附近的空頭，也會因為跌勢不如預期而提前停利。

　　但另一方面，這裡的膠著也有可能是多頭積極買進，同時空頭也積極賣出所致。換句話說，當買方和賣方長期在高點附近僵持不下，便很容易發生時間調整。

5

運用所有技術，抓住每個交易機會

Section

5

遇到極端價格變化最好不要出手

在急遽的價格變化後通常會發生回調

≫長影線是價格調整的殘留痕跡

相較於時間調整，價格調整的走勢則激烈得多。如**圖10**所示，當價格急漲後，有強力的空頭在高點附近等待，或是多頭一口氣在這裡停利時，便會出現這種走勢。因為多頭的買單在急漲後一口氣被消化，所以價格接著又急速下跌。這種急漲後急跌的場面便屬於價格性的調整，特別容易發生在流動性低的時候。

雖然和**圖10**的例子方向相反，但2019年1月3日美元／日圓和其

圖10. 急漲後的價格調整

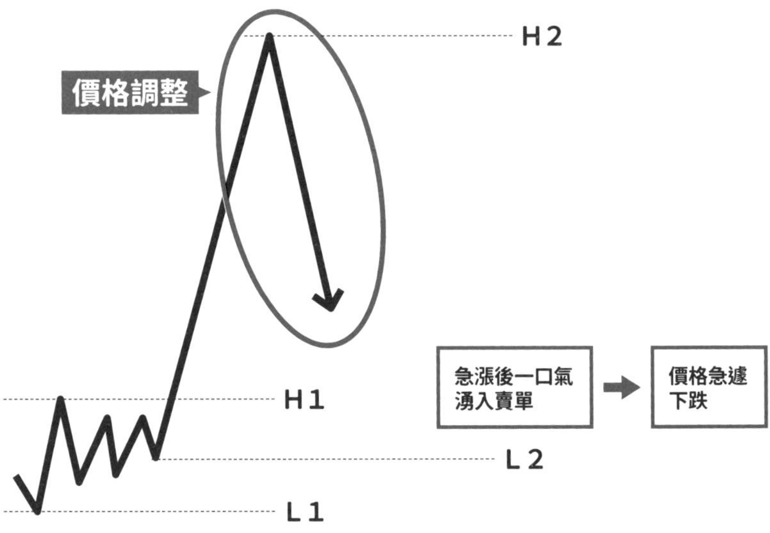
H2
價格調整
H1
L2
L1
急漲後一口氣湧入賣單
價格急遽下跌

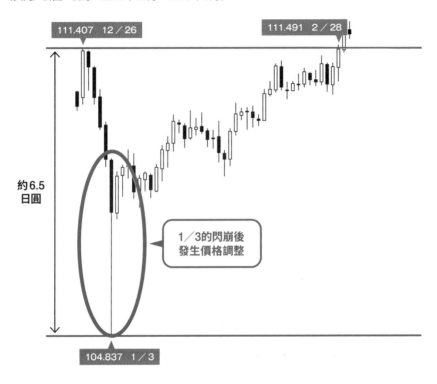

圖11. 價格調整的例子①

〈美元／日圓　日線　2018年12月～2019年3月〉

111.407　12／26

111.491　2／28

約6.5
日圓

1／3的閃崩後
發生價格調整

104.837　1／3

他日圓貨幣對的暴跌，也就是俗稱閃崩的走勢（**圖11**），正是典型的價格調整。

　　當天，美元／日圓因為某種理由而急遽下跌，之後又快速漲回原位，在日K線留下一條長長的下影線。下影線顯示價格曾在該時段暴跌後又暴漲。**K線的上下影線，有時也是價格調整的殘跡。**

　　當市場發生這種激烈的變化，就不屬於高價區或是低價區的時間調整。從結果來說，調整之後的箱型會被撐得非常大。一旦發生這樣的走勢，市場之後便很容易在巨大的箱型內，長期陷入動彈不得的狀態。

　　這次暴跌形成的箱型範圍廣達約6.5日圓。美元／日圓的全年價格變化幅度也才10日圓左右，因此6.5日圓算是很大的範圍。所以市場也花了2個月的時間才在2月28日向上突破這個巨大的箱型。期間美元／

日圓的價格持續處於風向不明的狀態，若依照道氏理論進行操作，將完全沒有出手的機會。此時，如果熟悉市場調整的走勢，便會知道**在這種突然暴跌的場面，空頭必須在下跌後馬上買回來。**

我自己從12月開始便遵循圖表的訊號做空美元／日圓，但完全沒想到會出現這麼大的暴跌，1月3日上午一看到有反彈的跡象後，就立刻把手上的部位平倉。因為我知道在這種狀況下，**市場往往會變得非常混亂，導致技術分析失靈一陣子。**

》**不要在價格發生極端變化時出手**

由於這類走勢來得又快又急，想在價格調整的期間抓到市場在天花板或底部反轉的時機非常困難。不如說，**想剛好抓到市場的頂底，幾乎是不可能的任務。**

這種極端價格變化的典型例子之一，便是2015年1月15日的瑞士貨幣海嘯。**圖12**是歐元／瑞士法郎從2013年3月到2019年9月的月線圖。原本，歐元／瑞士法郎的價格因為有瑞士央行（Swiss National Bank，簡稱SNB）介入匯率，一直支撐在1.200的位置，但2015年1月15日當天，瑞士央行突然宣布取消人為支撐瑞士法郎的匯率，令市場價格一瞬間從1.20暴跌到0.86，一共跌了約3400pips。

換成日圓的貨幣對則是一口氣跌了34日圓，可說是毀滅性的行情。由於這波極端的走勢，雖然已經超過了4年，歐元／瑞士法郎的價格仍處於大箱型區間盤整的格局。多數投資者都認為瑞士法郎的市場已經崩壞，難以出手。雖然由瑞士央行引發的這波貨幣海嘯是很極端的案例，但市場發生價格調整，並在當前形成巨大箱型的情況，也適用於閃崩後的美元／日圓。

此外，當這種極端的價格調整發生時，由於價格變化非常激烈，不同外匯公司顯示的價格可能會出現差異，在暴跌過程中點差也會變得相當大，因此實際上根本無法進場交易。

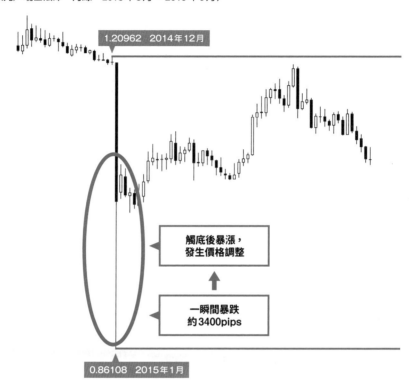

圖12. 價格調整的例子②

〈歐元／瑞士法郎　月線　2013年3月～2019年9月〉

1.20962　2014年12月

5

運用所有技術，抓住每個交易機會

觸底後暴漲，
發生價格調整

一瞬間暴跌
約3400pips

0.86108　2015年1月

　　換句話說，想在這種暴漲暴跌的行情進場，幾乎是不可能的事。**一旦遇到上述這種價格調整的狀況，建議最好立刻將已經獲利的部位進行平倉。**而在這種狀況下，也不建議掛出新的委託單。因為一定會變成沒有策略的交易。

　　不過，因為這個例子用的是日線圖和月線圖，所以縮短線圖週期後，市場的調整時間也會變短，相信學過線圖週期的讀者應該都知道這一點。

做好準備以防錯失良機

高點和低點要先假定頂底後再觀察價格變化來確定

≫ 用線圖週期尋找市場的頂底

市場的天花板和底部（頂底），必須看過線圖才能找到。由於天花板和底部必然是高點和低點，因此當高點和低點還不確定時，是不可能找到天花板和底部的。換句話說，問題的關鍵在於，哪個時間點的哪個價格可以確定是高點或低點。

所以，**請隨時在腦中提醒自己「這個高點可能就是天花板，這個低點可能就是底部」。**

若長週期線圖上存在上升或下跌趨勢，那麼如同前述，短週期線圖上的價格很可能會順著長週期的方向移動。也就是說，主週期線圖上的市場想要反轉，至少得等到更長週期線圖上的趨勢減弱。若長期的趨勢還沒減弱就進場押注市場反轉，便會變成逆勢操作，違背市場的主要風向。

然而，等待長週期的風向轉變很花時間。因此，當市場接近天花板或底部時，很容易發生方向飄忽不定的膠著狀態，這便是所謂的箱型整理和調整。總而言之，市場在轉換前，價格會先陷入膠著，必須等待長週期線圖的趨勢減弱，**讓市場的倉位有時間重新調整。**

我們永遠無法預測市場下一秒的動向。這是外匯投資的大前提。而圖表正是在這個前提上幫助我們探索未知未來，找出發展可能性的工具。為圖表加入週期的概念，則能進一步幫助我們找出行情的天花板和底部。換句話說，活用圖表的祕訣就在線圖週期上。

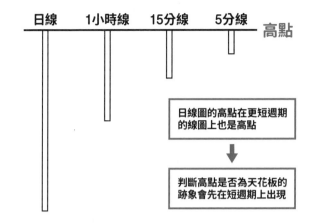

圖13. 日線圖的高點和週期

日線　　1小時線　15分線　　5分線　　高點

日線圖的高點在更短週期
的線圖上也是高點

↓

判斷高點是否為天花板的
跡象會先在短週期上出現

》 長週期線圖的高低點在短週期線圖上也是高低點

那麼，接下來讓我們用**圖13**來分析某個價格在日線圖上形成高點時的結構。**儘管碰到高點的K線長度各不相同，但所有線圖週期上的K線都顯示相同的最高價格。**

從價格變化的角度來思考，這是理所當然的結果。因為日線圖中包含了更短週期的線圖，所以日線圖的高點在更短週期的線圖上也同樣是高點。

換句話說，這個高點就是天花板的可能性，可以從更短週期上的價格變化看出端倪。當價格在短週期線圖上出現跌破箱型或持續下跌等下行的走勢，便是風向發生轉變的徵兆，代表市場有可能已經觸頂。

具體的例子可以參考美元／日圓在2019年4月24日前後的日線圖走勢。在第176頁的**圖14**中，價格從4月10日開始上揚，但來到112日圓附近便失去上升的動能，陷入膠著並發生時間調整。接著價格在4月24日突破新高，但隨後便開始下跌。第176頁的**圖15**是4月24日高點附近的1小時線圖走勢。理所當然地，無論在日線圖還是1小時線圖上，高點都是112.398（**圖中①**）。

圖14. 日線圖上天花板附近的走勢

〈美元／日圓　日線　2019年4月～5月〉

①112.398　4／24

112.165　4／17

③111.650　4／23

111.385　4／25

111.049　5／1

110.838　4／10

圖15. 1小時線圖上天花板附近的走勢

〈美元／日圓　1小時線　2019年4月23日～25日〉

①112.398

1小時線的
箱型

③111.650

②111.680

111.385

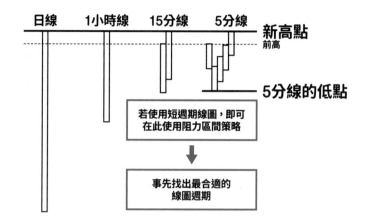

圖16. 日線圖的新高點在各線圖週期上的情況

日線　1小時線　15分線　5分線　新高點
前高

5分線的低點

若使用短週期線圖，即可
在此使用阻力區間策略

↓

事先找出最合適的
線圖週期

5

運用所有技術，抓住每個交易機會

　　1小時線圖在新高點形成後，便進入了以最近低點111.680（**圖中**②）為底部的箱型整理，因此若價格跌破111.680，就可以進場做空。此時的停損點在112.398的高點上方。**圖14**的日線圖也一樣，在4月24日留下新高點後，前一天的低點111.650（**圖中**③）便成為新箱型的底部。但用1小時線圖進行操作的話，可以更快進場做空。

　　圖16是上述走勢的圖解。這張圖解除了1小時線之外，還畫出了5分線圖上的箱型作為示例。

　　由於日線和1小時線都是在1根K線的時間內就直接衝破新高（前高），因此在圖表上只會看到1根長長的K線。但是，換到15分線上卻是用了2根K線。而5分線更是在碰到舊高點後，先稍微往下回跌了一點，才又再次往上突破新高。換句話說，此時在5分線圖上已經可以確定新箱型的底部位置，所以在價格跌破這個新箱型底部的那一刻，我們便可以確定最近的高點就是天花板了。因此在5分線圖上，我們可以把這個天花板當成阻力區間，採取做空策略。

　　但在現實中進行操作時，**我們必須事先仔細分析線圖，才能知道對我們主要使用的線圖週期而言，哪個週期的線圖更適合用來尋找早期的動態**。也是出於這個緣故，事先選定一個週期當成自己的主要週期十分重要。

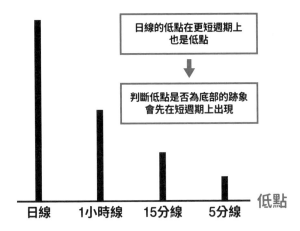

圖17. 日線圖的低點在各線圖週期上的情況

日線的低點在更短週期上
也是低點

↓

判斷低點是否為底部的跡象
會先在短週期上出現

日線　1小時線　15分線　5分線　低點

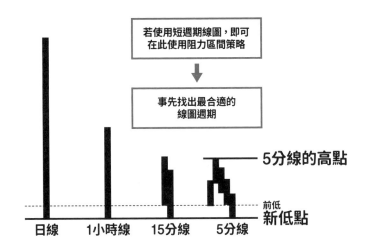

圖18. 日線圖的新低點在各線圖週期上的情況

若使用短週期線圖，即可
在此使用阻力區間策略

↓

事先找出最合適的
線圖週期

5分線的高點

前低
新低點

日線　1小時線　15分線　5分線

　　此外，理所當然地，如果市場走勢往下則要反過來。**圖17**是市場
下跌，碰到第一個低點時的情況，之後價格又跌破了第一個低點，如同
圖18的圖解，此時只有5分線搶先形成了新的箱型。

箱型內部的合理操作

長週期的K線可以是
短週期的箱型

≫ 用短週期線圖更快找出轉換點

　　至此，我們已多次介紹過如何比較不同的線圖週期。圖表的週期只是一種用時間切分市場動態，方便我們分析的方法。**若想了解市場整體的動態，也就是買賣雙方勢力的動向，觀察完整的價格變化非常重要。**不過，對於日線、週線、1小時線這種**切分得恰到好處的週期，有時投資者會特別關注它們的當前價格是否有突破前一根K線的最高價或最低價。**因為在更短週期的線圖上，有時這些週期的1根K線就是一個箱型。

　　接著讓我們來看看具體的例子。第180頁的**圖19**是美元／日圓的日線圖，時間是2019年2月27日到3月6日。圖中的日線在110.355（**圖中①**）觸底後，緊接著出現了3根陽線，然後漲勢便開始受阻。雖然**圖19**中沒有畫出來，但後續的走勢是下跌的。在上一節中，我們介紹了如何從日線圖切換到1小時線圖，並在1小時線圖中的轉換點提前找到做空的進場時機。這次我們也用相同的方法。

　　首先要注意的是那3根日K的陽線。因為我們要尋找市場的天花板，所以即便出現陽線，也應該隨時留意市場轉換的可能性。

　　若將這張日線圖的價格走勢放到1小時線上，結果就如第180頁的**圖20**。圖中順便標出了高點的價格和日期。

　　觀察這張1小時線圖，便會發現在日線圖上留下陽線的這3天，1小時線並沒有出現跌破轉換點的跡象。市場不斷突破新高，低點也不斷

圖19. 美元／日圓的日線圖

〈美元／日圓　日線　2019年2月～3月〉

112.075 3／1
112.135 3／5
①110.355 2／27

圖20. 美元／日圓的1小時線圖

〈美元／日圓　1小時線　2019年2月27日～3月6日〉

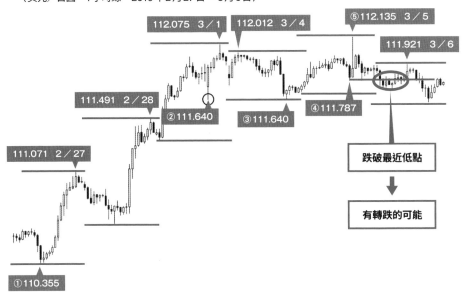

112.075 3／1
112.012 3／4
⑤112.135 3／5
111.921 3／6
111.491 2／28
②111.640
③111.640
④111.787
111.071 2／27
①110.355

跌破最近低點

有轉跌的可能

抬升。屬於道氏理論中的上升趨勢。

　　3月1日的壓回（○部分）和3月4日的低點價格相同，一樣都是111.640（**圖中②③**）。雖然3月4日的高點沒有超過3月1日，並未突破新高，但也沒有跌破新低。3月4日的整個走勢都收在3月1日的變化範圍內。這些K線顯示市場正處於第3章介紹的迷走狀態，就跟**第3章圖20**的③一樣。

　　因此，這個1小時線的轉換點，就是3月5日價格突破3月1日高點時的最近低點111.787（**圖中④**）。由於隔天3月6日價格跌破了這個最近低點，因此可知美元／日圓有止漲轉跌的可能性。此時我們可以推測，除非價格之後能漲破3月5日的高點112.135（**圖中⑤**），否則1小時線將轉為下跌。

　　由此可見，檢查短週期的箱型，有助於在早期階段找出市場的轉換點，發現天花板和底部的位置。不過，線圖的週期愈短，意味著必須更頻繁地確認線圖。

　　在現實中，這是一件很累人的事。因為必須一直盯著看盤軟體的圖表。不僅如此，市場的變化不一定總是剛好發生在我們有空看盤的時間。所以我才會在前作中建議業餘的投資者使用日線圖就好。

》觀察長週期的動態審慎交易

　　圖19和**圖20**還有另一個必須留意的地方，那就是1小時線的箱型高低點，很多時候剛好就是日K線的高點和低點。我們再次從1小時線圖換回日線圖，並在圖上畫出1小時線的箱型高低點位置，結果就如第182頁的**圖21**所示。

　　如圖所示，1小時線圖上的箱型邊界，幾乎都落在日K線的最高價和最低價上。唯一不一樣的是1小時線圖上3月5日的轉換點111.787（**圖中⑥**），這條線落在3月5日的日K線中間。

　　不過，這個位於日K線中的轉換點，在隔天3月6日價格跌破3月

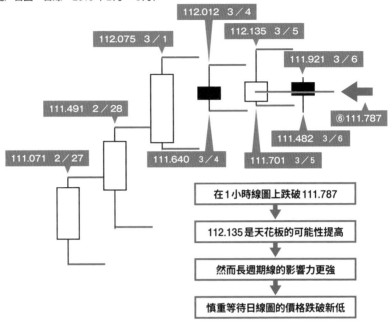

圖21. 把1小時線的箱型放到日線圖上

〈美元／日圓　日線　2019年2月～3月〉

112.012　3／4

112.135　3／5

111.921　3／6

112.075　3／1

111.491　2／28

⑥111.787

111.071　2／27

111.640　3／4

111.482　3／6

111.701　3／5

在1小時線圖上跌破111.787

↓

112.135是天花板的可能性提高

↓

然而長週期線的影響力更強

↓

慎重等待日線圖的價格跌破新低

5日的低點時被強化了。1小時線的轉換點在日線圖上，只不過是一天當中某個不起眼的價格而已，對於看日線圖進行交易的投資者來說，價格從先前的低點不斷拉高，而後轉換到跌破3月5日低點的走勢更加值得注目。

　　因此在實際操作時，雖然價格在跌破1小時線的轉換點111.787後，3月5日的高點112.135是目前行情天花板的可能性大幅增加，但**在日線跌破3月5日的低點111.701前，都必須審慎行事。因為日線的影響力比1小時線更強**。相反地，如果你願意承擔這個風險，就能提前搶進布局，增加獲利空間。

　　不過觀察日線圖上的箱型，如**圖22**所示，我們也可以在2月27日的低點110.355（**圖中⑦**）和3月5日的高點112.135（**圖中⑧**）圍成的箱型中，找到天花板。

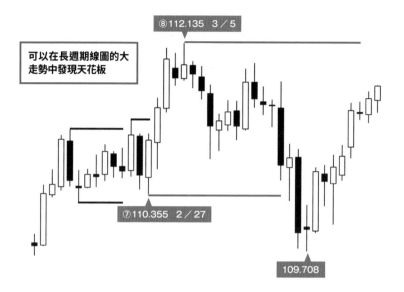

圖22. 前後的市場變化

〈美元／日圓　日線　2019年2月～4月〉圖21前後的線圖

⑧112.135　3／5

可以在長週期線圖的大
走勢中發現天花板

⑦110.355　2／27

109.708

由此可見，**只要懂得運用線圖週期，即便在箱型內部也能進行合理的操作。**

建議業餘的投資者
使用日線圖就好。

提前認識容易出現的局面

思考避開並利用
陷阱的策略

≫ 調整局面有機會遇到陷阱

在閱讀前面介紹的調整走勢時，可能有些人已經注意到了，在時間調整的場面中，有時會出現牛市陷阱或熊市陷阱。因為**在設下這些陷阱的人眼中，調整局面是最好的機會**。

設陷阱的人不會隨意亂設陷阱。以**圖23**為例，這張圖的空頭在價格突破高點H2，大家都以為價格會上升的時候掛出大量的空單，採用了風險很高的逆勢操作策略。假如箱型的上方存在大量的多單，那麼空頭馬上就會被刺成串燒。換句話說，如果空頭想設陷阱，就必須在不容易被多頭勢力吸收的場面布局。而那就是流動性低的場面。

當調整行情持續時，空頭和多頭都會平倉觀望，導致市場流動性降低，此時價格若因為某種原因向上突破箱型，對空頭而言正是設下陷阱的最好時機。另外在這種場面中，**圖23**的H3－L3這種**狹窄箱型的存在也很重要**。因為對設陷阱的空頭而言，只要能把價格壓回L3，**就能連帶觸發掛在這裡的條件賣單，令市場進一步下跌**。

短週期線圖比長週期線圖更容易出現陷阱，也更容易出現道氏理論的箱型突破失效的場面。短週期線圖的流動性比長週期線圖低的原因，我們已經在第2章關於阻力區間強度的部分解說過了。當短週期線圖的低流動性與時間調整導致的流動性降低結合在一起，逆勢操作的難度便會大幅降低。從結果來看，當線圖的週期愈短，箱型突破訊號的精準度就愈低。

當然，熊市陷阱的走勢則跟牛市陷阱相反。

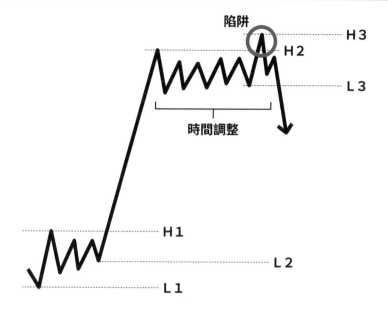

圖23. 牛市陷阱

陷阱

H3

H2

L3

時間調整

5

H1

L2

L1

運用所有技術，抓住每個交易機會

≫ 提前認識容易遇到陷阱的場面

具體的例子是澳幣／日圓的15分線圖。這張圖的時間是2019年4月16日。在第186頁的**圖24**中，澳幣／日圓的價格在2個多小時的時間從80.382（**圖中①**）下跌到79.905（**圖中②**），共下跌了約48pips。這波下跌的起因是當天10點30分時，澳洲儲備銀行公布了4月2日的會議報告，導致市場開始拋售澳幣。

如果你當天正好在看盤，便會看到澳幣／日圓的價格突然暴跌，很自然會想趕快跟著用市價單進場做空。但此時千萬不能這麼做，因為這種進場方式毫無策略。如果想趁此時布局，應該在澳洲儲備銀行公布經濟數據前就先尋找箱型的位置，然後冷靜地在箱型外側掛條件單。絕對不能只看目前的價格變化，事先尋找箱型的位置才是圖表分析的基本做法。

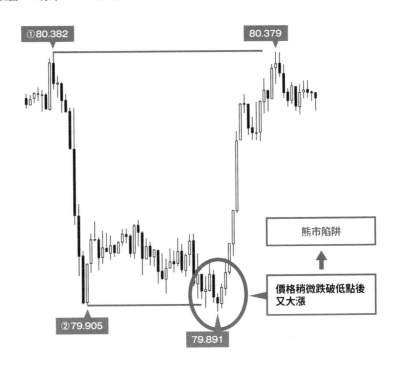

〈澳幣／日圓　15分線　2019年4月16日〉

圖24. 熊市陷阱的例子

①80.382

80.379

熊市陷阱

價格稍微跌破低點後
又大漲

②79.905

79.891

　　這波下跌的走勢在碰到79.905的低點後稍微反彈，但隨後便陷入膠著，進入暴跌後的時間調整狀態。而市場進入時間調整狀態，就意味著空頭和多頭的倉位都會進行整理，在下次價格跌破新低時，便應該考慮到發生熊市陷阱，假跌破後反轉上升的可能性。

　　隨後如線圖所示，價格在碰到低點79.905的30根K線後（7個半小時後），跌破了這個低點。然而跌勢未能持續，接下來馬上就出現陽線，開始上升，不過緊接著又出現2根陰線，跌到79.891的位置。從這4根K線的動態可以看出市場正在迷走。

　　這個低點距離最初澳洲儲備銀行公布決議時留下的低點79.905，只相差了1.4pips，而且之後走勢就反轉上升，因此79.891的低點是一個熊市陷阱。

圖25. 1小時線圖上的熊市陷阱

〈澳幣／日圓　1小時線　2019年4月16日～17日〉 圖24的1小時線圖

圖25是這波澳幣／日圓的價格走勢在1小時線圖上的情況。

在1小時線圖上，市場在澳洲儲備銀行公布決議的熊市陷阱中大跌後，很快就漲回同樣的跌幅，最終開始上升。

由此可見，**只要事先認識容易遇到陷阱的場面，以及會出現這種走勢的原因，便能提前建立策略**。為此，**最重要的是搞懂一切市場分析的基礎，也就是價格變化的原理**。

對市場的價格變化有興趣的人，請搭配《看懂線圖，新手也能輕鬆賺外匯》一起閱讀。

圖表應該回溯到哪裡？

從右往左
「驗算」圖表

≫ 如何尋找過去的轉換點？

配合本書的改訂，這版**加入了幾個新章節**，向各位介紹尋找過去市場阻力區間的方法及觀念。

我經常從讀者那裡收到相同的疑問，這些問題都跟「如何尋找過去的轉換點」有關。

在線下集會、推特（現改名為X，@maru3rd），以及部落格（虹色FX）收到的留言中，最常被問到的問題也是關於這個主題。

舉例來說，常常會有人問我「請問使用日線圖的話，線圖應該回溯到幾天前來尋找趨勢呢？」、「請問應該從幾根K線前開始分析線圖呢？」等問題。

推測這些問題背後的意圖，我猜「從幾根K線前開始看圖表」的意思，應該是想知道「**圖表的最左邊應該以哪裡為起點**」吧。換句話說，**也就是在分析圖表時，應該回溯到多久以前的時間**。

這的確是個很重要的問題。綜觀坊間的技術分析書，絕大多數都是從左往右解釋線圖上的變化。換句話說，就是從歷史到現在，從過去到最近，按照時間順序來說明。實際上，本書中99％的圖表也是採用這種解說方式。

而當所有的書都是從左往右解說圖表時，讀者自然會產生疑問，思考究竟該從過去的哪一個時間點開始分析圖表。

≫回溯到多久以前須視狀況而定

然而，當我們任意回溯到過去的某個時間點，從左往右分析圖表時，**這個「任意的起點」可能並不符合「當時的市場趨勢」**。這會是個大問題。同時，假如我們發現自己錯誤解讀了線圖，背後的原因往往正是因為選錯了起點。

日本投資界常說「市場是活的」，意思是市場的狀況隨時都在改變。因此，我們很難找到一個定量的答案，告訴大家應該把圖表的起點拉到幾根K線前或幾天前。同時，我也不建議各位建立一套屬於自己的規則，像是規定「一律回溯到幾根K線前」。因為若回溯的時間過短，很可能會看不到趨勢的變化，無法正確把握市場狀況。

而若回溯的時間太長，就會浪費很多無謂的時間去分析根本無關痛癢的歷史價格變化。對瞬息萬變的金融市場套用某個固定的模式，很容易導致失敗。

根據我自身的經驗，有時市場的箱型範圍會非常大，必須回溯到很久之前才能看見真正的箱型位置。

此時，因為市場正處於一個巨大的箱型內，價格變化的方向往往飄忽不定。這種場面不論做空還是做多都不容易獲利。當聽到別人說「現在的行情很難做」時，通常就是因為市場進入箱型區間整理。所以掌握箱型的位置非常重要。

同時，這種狀況也很難決定停損的位置。若只看當下的走勢，道氏理論似乎無法生效，實際上有時也的確無法找到確切的箱型位置。如果沒有適當地回溯過去確認價格變化，便可能導致無謂的損失。

≫回溯過去尋找轉換點

因此本節我想教各位一個方法，就是在分析圖表時從現在的K線回溯過往，尋找轉換點的方法。即**圖表分析的驗算**。

相信讀過本系列前幾作的讀者應該都很清楚，從現在的價格回頭尋找最近的轉換點，對於建立交易策略是必不可缺的步驟。同時，反復回溯圖表可以幫助我們**了解過去的箱型是如何變化的，市場之前又是在哪裡發生轉換並形成趨勢**。這些內容我們都在第2章介紹過了。

　　在觀察圖表思考交易策略時，**從過去往現在分析K線的變化（從左往右讀），和從現在往過去回溯市場並驗算價格變化（從右往左讀），兩者都很重要**（圖26）。

　　換句話說，在分析圖表的動態時，除了從過去往現在分析之外，最好也同時具備從現在往過去分析的技術。

　　另外，回溯K線的歷史走勢可以幫我們找出市場的轉換點，而就算沒有找到轉換點，也能幫我們找出潛在的阻力區間。

　　上述這些位置（轉換點、阻力區間）便可作為停損或停利的候選位置。換句話說，學會驗算圖表分析可以拓展交易策略的廣度。

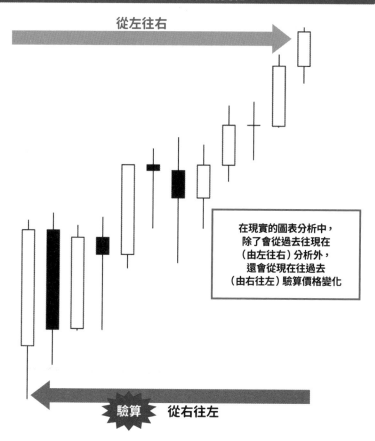

圖26. 從右往左驗算價格變化

從左往右

在現實的圖表分析中，
除了會從過去往現在
（由左往右）分析外，
還會從現在往過去
（由右往左）驗算價格變化

驗算 從右往左

CHECK POINT

①「尋找轉換點」對交易策略是
必不可缺的步驟
②轉換點可作為停損或停利的
候選目標價

進行逆向思考

驗算道氏理論的
趨勢定義

》如何尋找過去的轉換點？

首先來回顧一下道氏理論對於趨勢的定義。

道氏理論是技術分析的基礎，這點在我過去的著作中也解說過。認識這一點，對於所有技術分析工具（技術指標）的運用都非常重要。

接下來我們一起來複習道氏理論吧。

圖27. 道氏理論的基礎
上升趨勢＝突破新高，但不跌破新低 下跌趨勢＝跌破新低，但不突破新高

為什麼突破新高和跌破新低這麼重要？因為它們是所有市場中，價格變化的基本原理。

價格上漲的唯一理由就是「買方勢力比賣方更強」，而下跌的唯一理由則是「賣方勢力比買方更強」。除此以外的原因都是人為臆測，不是事實。

另一方面，低點和高點沒被突破時的理解方式也一樣。雖然突破了新高卻也跌破了新低，以及跌破了新低後又突破了新高，這種狀況顯

示買賣雙方沒有任何一方明確占有優勢。

此時，由於我們無法確定之後價格究竟會上漲還是下跌，因此在上升趨勢中，價格絕對不能跌破新低；而在下跌趨勢中，價格則不能突破新高。

正因為市場存在上述價格變化的原理，所以順著K線從現在往過去回溯時，**如果第一個找到的轉換點是市場低點，那麼我們回顧的就是市場從低點上升到當前價格的過程。**

相反地，**如果第一個轉換點是市場高點，那麼我們回顧的則是市場從這個高點下跌到當前價格的過程**。然而，光看第一個轉換點，我們無法得知這個上升或下跌的過程究竟是發生在箱型內，抑或是發生在趨勢中的暫時反彈或回檔。

因此我們需要繼續往前回溯，找到下一個轉換點。接著我們便可以觀察第二個轉換點和上一個轉換點，以及當前價格的位置關係，看看當前的價格是否在箱型內，**判斷市場到底有無突破箱型，是否存在上升或下跌趨勢。**

》不同的只是視角，不是價格走勢

如同前述，大多數的市場分析都是由左往右，從過去往現在進行分析。因此在由右往左，從現在往過去回溯時，道氏理論的趨勢定義也必須把方向反過來。換句話說，就是對道氏理論進行驗算。

驗算後的結果如第194頁的**圖28**。

因為是驗算，不管是順著讀還是倒著讀，得出的結果都一樣。

首先，我們從目前最新的K線往前回溯1根K線，若結果是「高點往下移，低點往下移或不變」，代表市場從1根K線前的位置到現在是往上升的。

同理，我們從現在往前回溯1根K線，若結果是「低點往上移，高

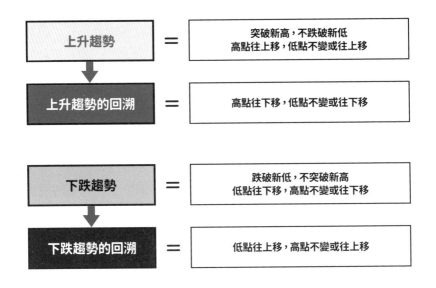

圖28. 驗算道氏理論對趨勢的定義

| 上升趨勢 | = | 突破新高，不跌破新低
高點往上移，低點不變或往上移 |

↓

| 上升趨勢的回溯 | = | 高點往下移，低點不變或往下移 |

| 下跌趨勢 | = | 跌破新低，不突破新高
低點往下移，高點不變或往下移 |

↓

| 下跌趨勢的回溯 | = | 低點往上移，高點不變或往上移 |

點往上移或不變」，則代表市場是下跌的。

　　圖29的上下圖顯示的是相同的市場走勢，兩者的差別只在於一個是從現在往過去回溯（**圖29上**），一個則是從過去往現在看（**圖29下**），**不同的只有分析者的視角，價格變化本身是相同的**。只要改變分析的視角檢查同一段價格走勢，就能發揮驗算的效果，排除主觀的情緒和預期。

　　道氏理論是一個非常有邏輯的理論，因此就算將時間順序顛倒過來，只要把定義也反過來就依然有效。如果回溯時發現有價格變化偏離了倒過來的定義，就代表趨勢曾經在此中斷。

　　無論從左往右看，還是從右往左看，得到的結果都不會改變，這正是道氏理論的優點——有邏輯又清楚，不會讓人迷惑。

　　另外，假如你看不懂這裡的內容，代表你還沒有充分理解道氏理論的基本知識，建議先回去重讀本系列的前幾作。

　　在回溯過程中找到的價格變化轉換點，同時也是市場的阻力區間

圖29. 由左往右與由右往左分析圖表的差異

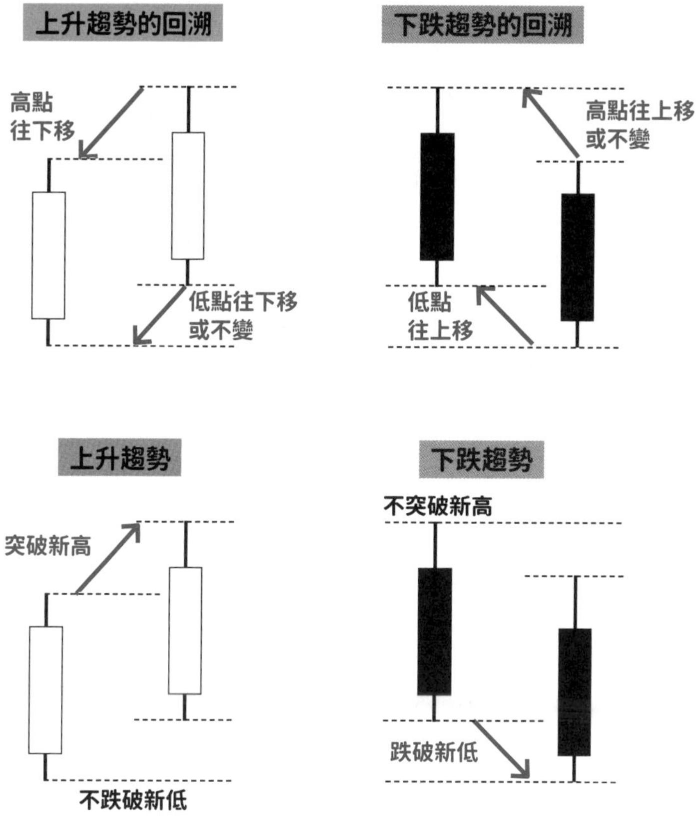

上升趨勢的回溯

高點
往下移

低點往下移
或不變

下跌趨勢的回溯

高點往上移
或不變

低點
往上移

上升趨勢

突破新高

不跌破新低

下跌趨勢

不突破新高

跌破新低

之一。而這些阻力區間會變成箱型的頂部或底部。因此如同前述，掌握
市場的轉換點不只能幫我們掌握當前的市況，也是建立交易策略時不可
或缺的步驟。

擬定交易策略前的準備工作

檢查價格是否
突破低點或高點

≫ 用具體事例檢查價格變化

　　這裡讓我們用具體的事例（**圖30**）來回溯圖表，驗算真實市場的
價格變化。

　　順帶一提，本節舉的例子和《看懂線圖，新手也能輕鬆賺外匯》的
第2章Section9中，介紹如何尋找高點和低點時用的是同一個例子。
因為是相同的事例，所以各位可以比較一下前作和本書，看看從左往右
分析和從右往左分析的視角有何不同。另外，因為是驗算，所以K線的
標號順序是相反的。

　　從代表當前價格的K線①到K線⑤，高點逐步往下移，同時低點也
在下移，因此從①到⑤的驗算可知，⑤到①的走勢確實是上升趨勢。

≫ 從價格變化檢查趨勢

　　這裡要注意的是⑤⑥⑦。這3條線的走勢明顯和①到⑤不一樣。
　　首先從⑤往⑥回溯，雖然低點往下移，但高點卻往上移。也就是
說，這裡的變化不符合道氏理論的逆向條件。
　　換句話說，**上升趨勢有一度中止的跡象。**
　　這裡回頭比較一般由左往右的⑥和⑤，可以發現這2條K線的關係
正好是酒田五法所說的「母子線」。⑤的價格範圍完全包在⑥的範圍之
內，代表買賣雙方的勢力正在⑥的價格區域內拉鋸。多頭無法衝破⑥的

圖30. 回溯圖表驗算價格變化

當前價格

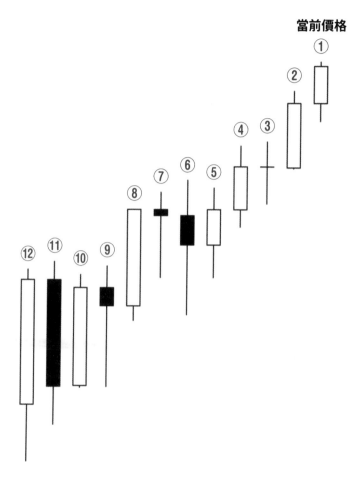

5

運用所有技術，抓住每個交易機會

高點，空頭也無法攻破⑥的低點。⑤無法突破⑥的高點和低點，沒有任何變化。

因此，我們接著把注意力轉移到⑥和④的關係上。然後會發現⑥到④的高點和低點都同步上移，驗算後④到⑥的高低點也是同步下移。符合道氏理論的上升趨勢。

換句話說，⑤的K線完全被⑥包住這件事沒有什麼特別的意義，因此⑥到①的**上升趨勢並未中斷**。如果你可以自然而然地看出這件事，代

表你已經對價格變化的原理有充分的理解。

接著再驗算⑥和⑦的關係。

⑦的高點比⑥低，低點則是往上移。驗算之後，這裡同樣不符合道氏理論。⑥雖然突破了⑦的高點，但也同時跌破了低點，所以上升趨勢被中斷了。

單看⑤⑥⑦這3根K線，⑥的低點是最近低點，是暫時的谷底。換句話說從①來看，⑥是最近的低點。如果要在①的高點上方建立多頭倉位，那麼停損位置就在⑥的低點下方。

》**圖表是買賣雙方的交易結果**

另外，⑦和⑥的關係就是酒田五法中的「吞噬線」。在⑥的位置，買方取得優勢突破⑦的高點，但隨後賣方又搶占優勢，因此價格也跌破了⑦的低點。換句話說，在⑥的位置，無法確定買方與賣方到底哪方占優勢。⑦和⑥的關係形成「吞噬線」後，⑤的移動方向將會決定市場的風向。然而，⑤和⑥又形成了「母子線」，因此還是無法確定未來的走勢。結果市場到了④才突破⑥的高點，開始上升。換句話說，此時始於⑥的膠著狀態終於轉變成買方優勢。

由此可見，**線圖是買賣雙方的交易結果，所以在線圖上尋找買賣雙方拉鋸抗衡的位置是最重要的事**。只要能找出市場不處於買方或賣方一面倒的狀態，也就是趨勢中斷的狀態、短期的箱型整理，**就能在之後箱型突破的位置布局，並縮短與停損點的距離**。此時我們可以在⑥的高點上方掛多單，在低點下方掛空單。

之後，K線的低點從⑦到⑫持續下移，但高點的下移只到⑩就中止了。⑪的高點位置比⑩更高，趨勢維持的條件遭到破壞。這裡的⑨⑩⑪的關係跟前述的⑤⑥相同，都是「母子線」。比較⑪和⑧，⑧突破了新高，低點也同步上移，因此⑪到⑧仍是上升趨勢。而⑫的高低點位置也

都低於⑪，因此⑫到①都是上升趨勢。

　　我在前作《看懂線圖，新手也能輕鬆賺外匯》中，使用了將K線群組化的方法來解說這種價格變化。如果各位知道什麼是K線群組化，應該也能輕鬆理解母子線和吞噬線。

≫ 找出轉換點，建立交易策略

　　由此可見，從現在往過去回溯價格變化進行驗算，便會發現在①到⑫的K線中，K線⑥有可能是市場的轉換點（轉跌的位置）。也就是說，如果我們現在進場做多，那麼停損點可以設定在⑥的低點下方。

　　同時，我們也可以分析價格跌破⑥的低點後，市場反轉下跌的可能性。如此一來，便能從轉換點利用阻力區間來擬定交易策略。

　　雖然這次的例子是從高點回溯過往的上升走勢，但下跌的走勢也是相同的道理。

光憑最近的箱型無法掌握市場風向

回溯過去
尋找市場的轉換點

≫ 至少找出2個轉換點

　　如同前幾節的介紹，從現在往過去回溯圖表，驗算過往的價格變化時，**至少需要找出2個過去的轉換點**。

　　因為必須有2個轉換點，也就是一個高點和一個低點，又或是一對高低點的組合，才能畫出最近的箱型位置。然後，**憑藉2個轉換點和當前最新K線的高低點的相對位置，就能看出現在的市場狀況。唯有這樣我們才有材料可以思考交易策略**。

　　這個位置關係大致分為2種型態。也就是當前價格在箱型內的情況，以及已經突破箱型的情況。

　　首先是在箱型內部的情況。回溯K線找到第一個轉換點①，然後在市場反轉後，繼續回溯找到第二個轉換點②。假如目前的市價夾在①和②中間，就代表市場正在①和②圍成的箱型內推移。根據道氏理論，這種市場沒有明確的風向。在價格突破①和②的高點或低點前，我們無法確定市場未來會往哪邊移動（**圖31**）。

　　此外，前幾個章節我們已經介紹過，遇到這種情況時，可以併用技術指標來判斷風向。

　　接著是價格已經突破箱型的情況。請看第202頁的**圖32**。

　　如果第一個轉換點低於當前價格，而且第二個轉換點也比當前最新K線的最高價低，就代表當前的價格已經突破到箱型上方，可推測出

圖31. 當前價格在箱型內的情況

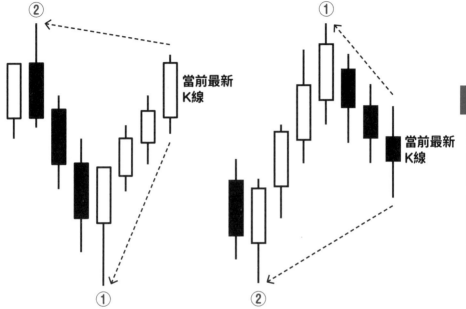

當前最新
K線

當前最新
K線

市場正處於上升的過程。

　　同理，如果第一個轉換點比當前價格更高，而且第二個轉換點也一樣，就代表當前的價格已經跌破到箱型之下，明顯正在下跌。

　　由此可見，如果知道基本的原理，只需要簡單地**拿當前最新K線的高低點，往左與最近轉換點的高低點比較，就能大致得知市場的現狀。**只要懂得如何在**圖31**、**圖32**上拉出虛線箭頭，便能輕鬆找出過去的轉換點。

　　不過，這裡要注意一點，那就是如同我們在上一節的範例中看到的，雖然有時K線乍看之下存在趨勢，但若仔細逐一分析每根K線，便會發現趨勢曾經中斷過。即便看起來是明顯的上升或下跌趨勢，但若像前一節一樣中間存在「母子線」或「吞噬線」，就代表趨勢曾在這裡中

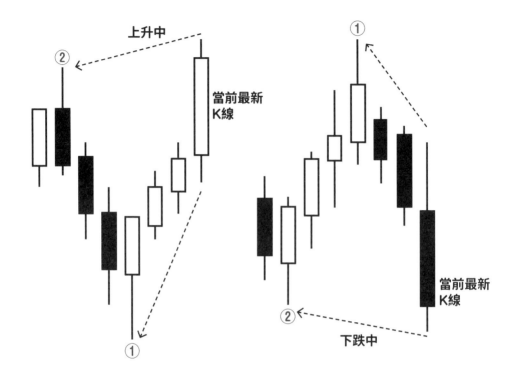

圖32. **當前價格已經突破箱型的情況**

上升中

② →

當前最新
K線

① →

② ←

下跌中

①

當前最新
K線

斷。所以**不能只分析顯眼的高點或低點，應該具備線圖分析的基本知識和技術，確實看清楚高低點中間的價格變化。**

≫ 光看最近的箱型是不夠的

接下來我們用2022年10月到11月的AUDUSD的日線圖作為具體的例子來說明（**圖33**）。

在**圖33**中，最右端的十字線是11月1日，因此我們就從11月1日開始分析線圖。

在11月1日的時間點，由於當天日線圖的收盤價還未確定，因此我們不能用11月1日，而要從收盤價已經確定的10月31日的K線開始回溯過去的價格變化。

圖33. 首先檢查最近的轉換點

〈澳幣／美元　日線　2022年10月～11月1日〉

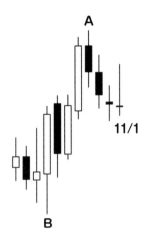

A

11/1

B

5

運用所有技術，抓住每個交易機會

　　從10月31日的高點和低點分別往左推，回溯過去的高點和低點後，首先可以抓出A的高點。

　　接著繼續往過去回溯，又可以看見B的低點。不論是從10月31日回溯到A，還是從A回溯到B，期間的走勢都符合前述的道氏理論的逆向條件，因此可以確定這2個點的確是最近的市場高點和低點。

　　但接下來就必須小心了。

　　雖然如上方的**圖33**所示，**我們順利找到了2個過去的轉換點（最近高點和低點），但我們還無法確定它們是不是真的轉換點**。此時唯一能確定的，只有目前的市場正位於低點B和高點A圍成的箱型內，不清楚市場在進入這個箱型前是下跌還是上漲。因此，單憑以上這些有限的圖表分析，我們只能同時在A的上方掛多單，在B的下方掛空單。

　　第204頁的**圖34**是第203頁的**圖33**往左（過去）展開後的模樣。

　　觀察這張新的線圖，可以看到F、G，以及最左邊的J這幾個比最

圖34. 繼續回溯檢查轉換點

〈澳幣／美元　日線　2022年9月20日～11月1日〉

近高點A更高的高點。低點也一樣，可以找到比最近低點B更低的E。

原本我們以為BA是一個箱型，但繼續往左回溯後，才發現市場其實是在FE的箱型內。因此，接下來我們要檢查這個大箱型FE的內部，看看是否隱藏著其他轉換點。因為如果存在轉換點的話，那FE就不是箱型。

檢查之後，我們確定市場從F開始進入下跌趨勢，而從E往F回溯驗算也得出相同的結論。透過驗算，我們確定目前市場正處於高點F和低點E夾成的箱型內。

也就是說，即便之後價格突破了高點A或低點B，由於它們不是箱型的阻力區間，只不過是FE這個大箱型中，普通的高點和低點，因此市場很可能不會出現變化，又或是不久後就被壓回。

≫ 將K線群組化

如同我在前作《看懂線圖，新手也能輕鬆賺外匯》中所說，將K線整理成群組，可以更容易看出上述的走勢。

FE的箱型比BA的箱型更大，意味著若把FE當成一根K線，BA當成另一根K線，便會發現這2根K線的關係就是「母子線」。換句話說，在突破高點F或低點E之前，市場都不會出現風向。

此外，在現實的操作中，我不會把F當成頂部，而會用G當作頂部。由於F和G的價差很小，雖然理論上價格只要跨過F就會上升，但用G當作頂部會更穩健保險。

另外，雖然上方的阻力區間逐步從G下移到F和A，但這3個點的位置非常接近，換句話說，這附近可能存在市場的阻力區間，而且是一道相對較強的阻力區間。因此可以推測價格恐怕無法輕易跨過去，而當成功突破時，價格有可能會大幅上升。

下方的阻力區間只有E這一個點，看起來比較容易突破，但價格卻在觸及低點E後開始緩緩上升，留下下一個低點B，顯示買方的勢力可能正在增強。換句話說，如果硬要二選一的話，價格往上突破的可能性更高一些。

第206頁的**圖35**便是後續實際的價格變化。11月8日的走勢（陽線）向上突破了A點，但隨後留下上影線，隔天又變成陰線下跌。然後隔天的11月10日也是下跌，不過當天之內就止跌回升，突破高點G後一口氣上揚，留一條下大陽線。可見G的附近果然存在阻力區間。

由此可見，**在回溯圖表時，光看最近的箱型並不足以找出正確的轉換點。**

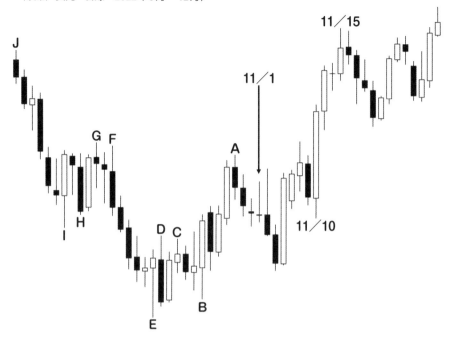

〈澳幣／美元　日線　2022年9月～12月〉

圖35. **從後續的走勢來看，上方果然存在阻力區間**

價格變化的原理具有普遍性

如何使用帝納波利的DMA
尋找高低點

≫ 尋找突出的高點和低點

從上一節澳幣／美元的例子也能看出，線圖上的高點和低點，往往是比它們前後的K線更突出的價格。與前一根或後一根的K線相比，它們通常顯得鶴立雞群。

因此，讓我們再次回顧第206頁的**圖35**中，澳幣／美元的A點到J點，並依次檢查這張線圖中的高點和低點。

此時，理論上低點會位在高點和下一個高點連線的下方，高點則出現在低點和下一個低點連線的上方。而且基本上這些高點和低點會形成箱型，總是成對出現。

然而在真實的線圖上，如同先前澳幣／美元的例子，高點A和F之間卻出現了2個低點B和E，而且低點B和E之間也出現了2個高點C和D。因此，我們必須學習驗算圖表、檢查趨勢的技術。

由此可見，**先大致掌握高點和低點的位置，再檢查高低點之間的K線是否符合道氏理論的趨勢條件**，這也是一種方法。

≫ 使用帝納波利的3×3DMA

接著再傳授一個方法，可以在先前澳幣／美元的例子中，輕鬆找出高點和低點。那便是我在拙作《一天看盤兩次，兼職外匯投資也能穩定獲利 改訂版》中，也有介紹的帝納波利DMA法。

喬爾·帝納波利（Joe DiNapoli）是一位美國的個人投資者，他所發明的帝納波利指標，早在我開始接觸外匯保證金時就已經普及成為MT4上的標準工具。

他所使用的移動平均線是種領先市價一段時間的特殊指標，正式名稱是「置換移動平均線」（DMA＝Displaced Moving Average）。**尤其3×3DMA就如第210頁的圖37所示，圖表上的高低點經常出現在這種移動平均線的上方或下方，很容易尋找。**

接著我們來看**圖36**。在11月1日時，3×3DMA的上方有AFGJ，下方有BEHI。在高點方面，A和FG的距離很遠，然後J又在更遠的地方。因此，最近的高點是A，下一個高點則是F或G其中之一，但因G的位置更高，所以我們以G為第二個高點，然後最後一個高點則是J。

低點方面也一樣，BEHI中最低的E是最近低點，然後下一個是H或I。因為I比較低，所以以I為第二個低點。於是，我們可以看出市場依次經歷了JI的箱型和GE的箱型，同時最近高點A並未超過G，所以當前的價格仍在GE的箱型內。此外，因為F的時間比G更接近現在，所以理論上本該是FE的箱型，但一如前述，現實中即使改用GE當成箱型也沒有影響。

如上所見，帝納波利的DMA可以幫我們輕鬆找出高點和低點的位置。不過，DMA終究是一種技術指標，只不過是把價格變動的結果畫成曲線而已。因此結果就跟我們從Section9便開始介紹的回溯圖表驗算道氏理論的方法一樣，不會有任何不同。

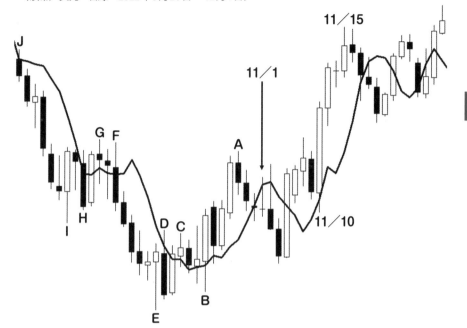

圖36. 使用帝納波利的 DMA 可以輕易找出高低點

〈澳幣／美元　日線　2022年9月20日～12月1日〉

同時，回溯圖表的重點不單只是找出價格的高低點，**更重要的是找出目前看來最合適的高點和低點，正確掌握箱型位置，並認識當前的市場狀況。**

萬一誤判市況，就會遇到買進後沒漲多久就回跌，或是賣出後沒跌多少就漲回的情況。因為這些高點和低點不過是過去更大箱型內的普通高低點，即使突破了也不會改變市場風向。

》價格變化具有普遍性

接著再來看一個例子吧。

下方的**圖37**是美元／日圓的日線圖，時間和先前的澳幣／美元一樣是2022年11月1日。

　　無論是單純的K線圖（左側），還是調出3×3DMA（右側），最近的箱型都是AD，而且均為下行。雖然上一個箱型DE是上行，但從D到C跌破箱型的走勢，可以看出市場發生了轉換。在這種上升趨勢轉為下行的場合，可以推測過去上升趨勢的低點（EFJ）未來可能會成為下跌走勢的阻礙，變成市場的阻力區間。

　　為了分析這波價格變化可能撞到的阻力區間，我們朝過去的方向進一步展開這張美元／日圓的線圖，結果便是第211頁的**圖38**。

　　這裡我們逐一檢查所有的高點和低點，並替它們標上英文字母。檢查價格變化尋找阻力區間時要注意的重點，我們已在本書的第2章解說過了。

　　本書的初版是在2019年完成的，當年我所舉的例子，同樣的走勢

圖37. 將K線圖與3×3DMA放在一起看

〈美元／日圓　日線　2022年10月～11月1日〉

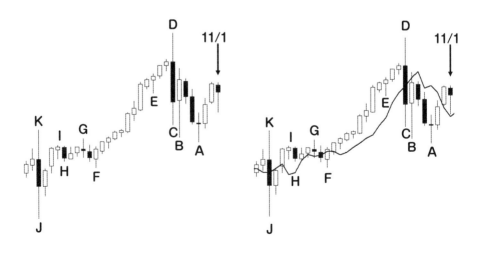

圖38. 往過去方向展開美元／日圓的圖表

〈美元／日圓　日線　2022年7月～11月1日〉

D
E
C
B
A
11/1

5

運用所有技術，抓住每個交易機會

在2022年又完美重演了一遍。**正因為道氏理論和價格變化的原理具有普遍性，所以掌握過去的價格變化才如此重要。**而且美元／日圓的價格雖然在這3年間大漲了45日圓，市況已經大幅轉變，但價格變化的原理卻不會改變。

在第212頁的**圖39**中，我們從過去的低點選出了今後可能阻礙下跌走勢的阻力區間，並在這些位置畫上水平線。

圖中價格雖然輕易就跌破了F，但由於J是特別突出的低點，因此附近存在很厚的阻力區間，導致價格在此拉鋸了一陣子。此時賣方數量減少，開始出現買家。

之後，價格繼續跌破J附近的整理區，來到下一個關卡Q和S附近，並再次陷入拉鋸。

最好能像這樣事先掌握過去的低點，如果價格能一口氣向下突破

圖39. 下跌走勢中阻力區間的位置

〈美元／日圓　日線　2022年8月～12月〉

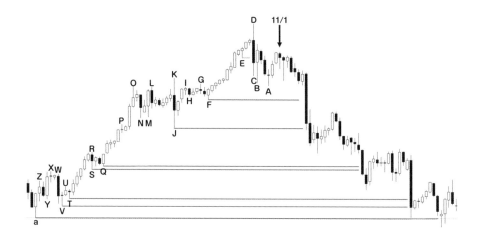

的話固然很好，但當出現止跌的跡象時，就要馬上想到這裡存在巨大阻力區間的可能性。

　　想在金融市場獲利，重要的是**正確判斷買賣雙方的勢力會在市場跨過哪個價格帶時發生傾斜**。

　　我的所有著作都是基於這個觀念分階段進行講解，有興趣的讀者不妨參考看看我的其他著作。

建立策略
並嘗試在各種情境中追求獲利

如同我在本書及之前的著作中所闡述的，要在市場中獲利，必須思考各種合理的可能性並提前做好準備。依賴缺乏明確根據、僅憑運氣進行的交易，無法帶來持續的收益。

而圖表分析就是幫助我們找出市場的阻力區間、掌握線圖週期，並推測各種價格變化的可能性。

市場的波動總是充滿矛盾。長週期的阻力區間通常又厚又強，因此首先要考慮價格是否會在此遭遇阻力。但若突破該阻力區間，則可能引發大幅波動。而價格是否會在阻力區間止步，則取決於市場中買賣雙方何者的勢力更強，因此誰也無法預測。

利用阻力區間精準抓到上升趨勢的起點，並在隨後的反轉下跌中及早持有倉位，可以將收益最大化。然而，想在現實的交易中做到這點並不容易，因為市場走勢是無法預測的，不可能預見未來。

所以，合理的交易策略應該利用市場的阻力區間進行多種布局，並包含能應對各種市場變化的資金管理策略。

外匯或金融投資的本質在於讓錢為你賺錢，只要確立一套適合自己的有效策略，就能在各種情境下追求收益。

全世界通用的圖表分析技術是一項重要的無形資產，不僅對自己有用，也能傳承給子女。

讓我們一起在享受投資的同時，努力學習交易技術吧。

改訂版後記

　　自2019年11月本書初版在日本上市，已經過了大約3年半的時間。沒想到剛上市不久，新冠病毒就突然出現，疫情席捲了全球，許多人都因此受到嚴重的打擊。2022年，和平的烏克蘭遭到俄羅斯入侵。戰火在這片美麗的土地上蔓延，令其變成了廢墟。這場戰爭使自由主義國家與威權主義國家的對立更加激化，東西方冷戰似乎有死灰復燃的跡象。1989年冷戰結束後開始的全球經濟時代或許即將結束。通貨膨脹的腳步聲也隱隱可聞。

　　相信在這3年半的時間裡，許多人深刻體會到「我們的未來充滿不確定性，誰也無法預料明天會發生什麼事」這句話的意義。

　　即便如此，金融市場依然在運轉，資金依然在流動。對我們這些投資者和交易者來說，價格波動加劇似乎帶來了更多的收益機會。

　　這次在進行修訂的過程中，我多次重讀了初版，將那些晦澀難懂或可能引起誤解的部分果斷刪除，並增加了新的內容。同時，回顧這3年半動盪的市場後，我也重新確認了本書所介紹的投資技術依然有效。

　　人生總是伴隨著風險，但投資的風險可以透過「阻力區間」加以可視化。若本書能為了解價格波動的基本原理、善用阻力區間增加收益的「億萬富翁」們提供參考，便是我最大的榮幸。

2023年3月

田向宏行

■作者介紹
田向宏行（Tamukai Hiroyuki）

學生時代曾挑戰資格考試卻慘遭失敗。因為都在準備資格考而錯過了就業季，落榜後為了賺錢糊口而自己創業。由於比同齡人更晚出社會，因此從1989年開始在經營公司的閒暇之餘嘗試投資。最初是投資黃金存摺和股票現貨，目前仍然持有部分相關資產。十幾年後賣掉公司事業，開始專注於投資。自2007年起開始從事外匯保證金交易。在以外匯交易為主要收入來源的同時，亦投資股票市場和不動產等領域，慢慢累積資產。現為每週有一半時間都在打網球對抗老化的歐吉桑。

2009年開設部落格「虹色FX」。2010年開始在月刊《FX攻略.com》上連載外匯投資專欄。2011年起開始在Invast證券的綜合情報網站INVAST NAVI上執筆匯率預測報告。2012年開始使用帝納波利（DiNapoli）指標為西原宏一的電子郵件雜誌提供技術分析。2016年受邀出演東京電視台的《世界經濟衛星》等節目。此外也曾協助企劃外匯和投資相關書籍與日經廣播電台的投資節目，並執筆撰寫外匯投資講座的企劃與報告，以及在《YenSPA!》等雜誌上投稿與協助採訪，活躍於各領域。

著有《誰でも学べば一生役立つ投資の基本技術（任何人學會都能一生受用的基本投資技術）》、《1日2回のチャートチェックで手堅く勝てる兼業FX 改訂版（一天看盤兩次，兼職外匯投資也能穩定獲利 改訂版）》（以上皆為暫譯，自由國民社出版），中文譯作則有《看懂線圖，新手也能輕鬆賺外匯：低門檻、高勝率的小資理財術》、《新手也能穩定獲利的外匯交易入門：低風險、低本金、高獲利！》（以上皆為台灣東販出版）。另有《2022年版 FXの稼ぎ技225（2022年版 外匯投資獲利技巧225招）》（暫譯，Standards出版）等5冊合著作品，以及DVD《ダウ理論で読み取る FXシンプルチャート分析（用道氏理論解讀市場 外匯簡易圖表分析）》（暫譯，Pan Rolling發行）等。

目前正在Diamond Financial Research所經營的電子郵件雜誌《ダウ理論で勝つ副業FX！（用道氏理論賺取獲利的兼職外匯投資）》連載專欄中。

部落格（虹色FX）　http://maru3rd.blog85.fc2.com/
X（原Twitter）　　https://twitter.com/maru3rd 每日更新中

國家圖書館出版品預行編目資料

外匯交易線圖獲利法：當沖與波段交易也適用！一次學
會 FX 專家的高勝率操盤術 / 田向宏行著；陳識中譯 .
-- 初版 . -- 臺北市：臺灣東販股份有限公司 , 2024.10
216 面；14.8×21 公分
ISBN 978-626-379-595-2（平裝）

1.CST: 外匯交易 2.CST: 外匯投資 3.CST: 投資技術

563.23   113013087

SOUBA NO KABE TO RANGE DE KASEGU FX - DOW RIRON WO HOKYOU SURU
FUKUSUU JIKANJIKU TO TECHNICAL SHIHYOU NO TSUKAIKATA
© HIROYUKI TAMUKAI 2023
Originally published in Japan in 2023 by JIYU KOKUMINSHA Co., LTD.
Traditional Chinese translation rights arranged through
TOHAN CORPORATION, TOKYO.

外匯交易線圖獲利法
當沖與波段交易也適用！一次學會 FX 專家的高勝率操盤術

2024 年 10 月 1 日初版第一刷發行

作　　者　田向宏行
譯　　者　陳識中
主　　編　陳正芳
美術設計　黃瀞瑢
發 行 人　若森稔雄
發 行 所　台灣東販股份有限公司
　　　　　＜地址＞台北市南京東路 4 段 130 號 2F-1
　　　　　＜電話＞（02）2577-8878
　　　　　＜傳真＞（02）2577-8896
　　　　　＜網址＞https://www.tohan.com.tw
郵撥帳號　1405049-4
法律顧問　蕭雄淋律師
總 經 銷　聯合發行股份有限公司
　　　　　＜電話＞（02）2917-8022

TOHAN